Maria Shriver

Wenn ich das vorher gewusst hätte ...

Maria Shriver

Wenn ich das vorher gewusst hätte ...

Die 10 wichtigsten Weisheiten
des Lebens

Aus dem Amerikanischen übersetzt
von Bettina Blank

Die Deutsche Bibliothek – CIP-Einheitsaufnahme

Shriver, Maria :
Wenn ich das vorher gewusst hätte ... / Die 10 wichtigsten Weisheiten
des Lebens, die einem niemand sagt / Maria Shriver. Aus dem
Amerikan. übers. von Bettina Blank – Landsberg am Lech : mvg, 2000
   Einheitssacht.: Ten things I wish I'd known – bevor I went out into the
   real world <dt.>
   ISBN 3-478-72920-3

Umschlaggestaltung: Vierthaler & Braun, München
Satz: mi, B. Janker
Druck: Himmer, Augsburg
Bindearbeiten: Thomas, Augsburg
Printed in Germany 72 920/800402
ISBN 3-478-72920-3

Inhalt

Widmung

Meinen vier geliebten Kindern – Katherine, Christina, Patrick und Christopher. Ich danke euch für die Liebe, das Lachen und den Spaß, die ihr in mein Leben gebracht habt. Ich wusste nicht, wie bedingungslos und tief Liebe wirklich sein kann.

Meinem wunderbaren, einmaligen Ehemann Arnold. Ich danke dir für das faszinierendste Abenteuer, auf das sich je ein Mädchen eingelassen hat. Hätte ich gewusst, was für ein Kraftakt mich erwartete – ich hätte mich schon früher besser in Form gebracht. Ich liebe dich und danke dir von Herzen, weil du mir hilfst, all das zu sein, was ich sein kann.

Meinen vier glorreichen Brüdern Bobby, Timmy, Mark und Anthony. Ich kann kaum glauben, dass ich euch tatsächlich dafür danke, dass Ihr mich drangsaliert, schikaniert, gehänselt, geneckt, kurz: mich auf die Welt vorbereitet habt. Ich wünschte, jedes Mädchen hätte das Glück, durch eure Schule zu gehen.

Und meinen außergewöhnlichen Eltern Eunice und Sargent Shriver. Es gab keinen Tag in meinem Leben, an dem ich nicht eure Liebe gespürt, nicht eure Stimmen gehört hätte, die mich vorwärts dirigierten, aufbauten, mir Rat spendeten und mich in die richtige Richtung lenkten. Mehr Liebe zu empfangen, als ich von euch beiden empfing, ist unmöglich. Ich kenne keine größeren Helden in meinem Leben als euch.

Maria

Danksagungen

Ich hätte dieses Buch nicht schreiben können ohne die Weisheit, Brillanz, Anleitung, Unterstützung und Liebe meiner Mentorin und teuren Freundin Roberta Hollander. In zahllosen Stunden half sie mir auf jede erdenkliche Weise. Half meinem Gedächtnis auf die Sprünge, straffte und polierte meine Arbeit, half mir, die Dinge in Zusammenhang zu bringen, und trieb mich zum Weitermachen an, wenn ich an mir und meinem Projekt zweifelte. Seit dem Tag, an dem ich ihr begegnete, ist sie mein Leitlicht, und ich bin ihr unendlich dankbar, dass sie sich immer, immer wieder die Zeit nimmt, für mich da zu sein.

Weiter bin ich meinen anderen Freunden zu Dank verpflichtet, die dieses Buch im Rohkonzept lasen und mir Ermunterung und konstruktive Kritik zukommen ließen. Sie alle leisteten einen unschätzbaren Beitrag zum Endergebnis. Nochmals besten Dank Julia Paige für die grenzenlose Ermunterung – dass du mir täglich sagtest, ich müsse dieses Buch unbedingt schreiben; Nadine Schiff, Wanda McDaniel, Michael Rourke, Sandy Gleysteen – eure Anregungen waren unendlich wertvoll; Teri Hess, die mit einem feinzahnigen Kamm durch meine Zeilen fuhr; Jan Miller, die engagierteste und furchtloseste aller Agentinnen, und ihre Assistentin Shannon Miser-Marvin, die für mich hinter den Kulissen tätig war; meine Schwägerinnen Linda, Alina und Leannie; meine Nichten und Neffen Rosie, Timbo und Teddy. Dank euch allen für die Zeit, die Ihr euch nahmt, um mich bei der Wahl des Covers, der Schriftart, der Optik zu beraten – Ihr wart alle eine große Hilfe und Stütze für mich; Rick Hogan, der sich dieses Buchs annahm, noch bevor es ein Buch war, und geduldig wartete, während ich zögerte und zauderte, ob ich es schreiben sollte oder nicht – seine Geduld war Gold wert. Nicht zu vergessen meine vielen neuen Freunde bei Warner Books: Jackie Myer, Emi, Ralph, Tom, Rebecca – ich danke euch für eure Unterstützung, den Glauben an mich, eure Geduld und für das Geld, das Ihr versprochen habt, in mein kleines Büchlein zu investieren.

Vorwort

Ich wollte dieses Buch nie schreiben. Es entstand aus einer Rede, die ich nie halten wollte. Beides tat ich aus Schuld – und bin heute sehr froh darüber. Aber lassen Sie mich erklären.

Vor zwei Jahren lud mich das Holy Cross College in Worcester, Massachusetts, ein, die Rede zur Abschlussfeier seiner Examenskandidaten zu halten. Ich hasse es, Reden zu halten – hasse es, weil ich Angst davor habe. Ganz gleich, wie viele Reden ich halte – leichter fällt es mir nie. Ich mache mich Monate im Voraus verrückt. Was sage ich bloß? Warum sollte irgendjemand hören wollen, was ich zu sagen habe? Was habe *ich* überhaupt zu sagen? Und ich male mir alle möglichen Desaster und Katastrophen aus: Was, wenn ich einen Scherz mache und kein Mensch lacht? Wenn ein scharfer Windzug meine Haare senkrecht in die Luft stellt und mein Manuskript davonbläst? Oder konkreter: Was, wenn ich wie eine Idiotin klinge? Mich übergeben muss? (Ich weiß, ich weiß: Wenn ich so viel Angst habe, wie kann ich furchtlos vor einer Fernsehkamera stehen und zu Millionen Zuschauern sprechen? Ganz einfach: weil ich keinen davon *sehe*!)

Diese zwanghaften Gedanken und Ängste martern mein Gehirn viele Wochen, bevor ich die Rede tatsächlich halten muss. Meine Nerven liegen blank. Ich bin launisch, quengelig, panisch. Jeder in meinem Umfeld fragt mich: „Wenn du es so sehr hasst, wieso hast du um Himmels willen eingewilligt?"

Nun, in diesem Fall habe ich, wie es typisch für mich ist, nicht sofort eingewilligt. Als Holy Cross anrief, war mein erster Impuls, mich für das Angebot zu bedanken und höflich, aber bestimmt abzulehnen. Doch es gab ein kleines Problem. Sehen Sie, einer meiner vier Brüder besuchte Holy Cross. Ebenso seine Frau. Meine Mutter und mein Vater besitzen beide Ehrentitel von Holy Cross. Und als ob das nicht genug wäre – das Gleiche galt für meinen Onkel, als er Präsident der Vereinigten Staaten war.

Das College-Oberhaupt erwähnte all diese Punkte in einem Brief, den er mir schrieb. Er listete sie auf mit der Erfahrenheit eines katholischen Priesters, der es gewohnt ist, dass man ihm gehorcht, spielte mit meinen Schuldgefühlen wie auf einem Klavier. Sein Brief war Plan A. Es gab auch einen Plan B – Mitglieder meiner Familie zu bitten, dafür zu sorgen, dass ich auch ja wusste, wie außerordentlich wichtig diese Rede für mich wäre. Mein Bruder rief an, um auf mich einzuwirken. Dann schaltete sich meine Mutter ein. Puuuh. Ich zögerte, ich zauderte. Und wie jeder gute Feigling, verharrte ich monatelang in Regungslosigkeit.

Daraufhin ging Holy Cross zu Plan C über. Ich erhielt eine Notiz, in der sie mir mitteilten, da man nichts von mir gehört habe, müsse man sich nach einer Alternative umsehen. Die Verwaltung war enttäuscht, die Fakultät war enttäuscht, und natürlich wären auch die Studenten schrecklich enttäuscht! Aber offenbar war mit mir nicht zu rechnen, so dass sie jemand anderen finden müssten, der die Ehre zu schätzen wisse. Ich rief meine Mutter an, ich rief meinen Bruder an. Sie alle meinten, es sei in

Ordnung, wenn ich Angst hätte – aber enttäuscht waren sie schon!

Was soll ich sagen: Es funktionierte. Mit jedem neuen Plan wuchsen die Schuldgefühle in mir, der Druck nahm zu – bis mein Entschluss sich Bahn brach. Ihr habt *Recht*, alle habt Ihr Recht! Wie hatte ich nur Nein sagen können? Was für eine schreckliche, jämmerliche, wertlose, rückgratlose Kreatur ich doch war! Und ehe ich mich dessen versah, bettelte ich Holy Cross an, *mich* doch bitte die Abschlussrede halten zu lassen.

Sobald sie zusagten, meldeten sich prompt meine Panik und meine Magenschmerzen zurück. Vielleicht konnte ich mich noch irgendwie herauswinden? Ich könnte NBC bitten, mich noch am gleichen Tag als Korrespondentin ins bosnische Kriegsgebiet zu schicken. Ich könnte sagen, eines meiner Kinder sei krank geworden. Oder: „Tut mir furchtbar Leid. Ich habe einen Interviewtermin mit dem Papst." Bestimmt würde mir ein katholisches College *dafür* Absolution erteilen!

Leider minderte keines der Szenarien, die ich mir vorstellte, die Schuldgefühle, die mich plagen würden, wenn ich nicht auftauchte. Und offen gestanden bekam ich von dem vielen Hin und Her allmählich ein Schleudertrauma. Endlich gab ich meinen Widerstand auf und schritt zur Aktion. In vielen Jahren der Konfrontation mit meinen Ängsten hatte ich gelernt, dass die einzige Art, mit ihnen umzugehen, darin bestand, den Stier bei den Hörnern zu packen. Und so fing ich an, mir Gedanken darüber zu machen.

Was könnte ich diesen jungen Leuten, die ihr Examen in der Tasche hatten und bereit waren, in die

Welt hinauszugehen, mit auf den Weg geben? Ich dachte zurück, wie ich mich fühlte, als ich mit 21 das College verließ – wie viele Möglichkeiten mir scheinbar offen standen und wie wenig Ahnung ich hatte von dem, was wirklich auf mich zukäme. Ich begann, mich zu fragen, ob mein Leben wohl anders verlaufen wäre, hätte ich bei meiner Graduierung *dieses* oder *jenes* gewusst. Bald hatte ich eine Liste mit *diesen* und *jenen* Dingen zusammen und einen roten Faden für meine Rede. Sieh einer an! Vielleicht hatte ich ja doch etwas zu sagen, dass meine Zuhörer genügend interessierte, damit sie einen Moment lang ihr Bier und ihren Sekt vergaßen und mir ihre Aufmerksamkeit schenkten. In meinen Notizen standen all die Dinge, die ich gern gewusst hätte, bevor ich in die Welt hinauszog. Ich schrieb und schrieb und schrieb – und es machte mir Spaß. Dass meine Rede gut war, wusste ich, als ich sie im Beauty-Salon laut vorlas und am Ende alle weinten und um eine Kopie baten. Ich war stolz, die Rede zur Abschlussfeier von Holy Cross halten zu dürfen. Ich war stolz, dass man mich gefragt und ich zugesagt hatte, stolz, dass mir eine Rede gelungen war, die die Menschen zu berühren schien. Und besonders stolz war ich, dass ich mich nicht übergeben musste.

Als ich mit der Rede fertig war, bekam ich sogar eine stehende Ovation. Natürlich sind stehende Ovationen nichts Ungewöhnliches bei Abschlussreden. Alle sind heilfroh, dass der Redner endlich fertig ist, dass sie automatisch von den Sitzen springen und in Jubel ausbrechen. Was mich wirklich überraschte, war, was *danach* geschah. Nicht nur Studenten baten mich um eine Kopie, auch Eltern kamen mit Tränen in den Augen zu mir und meinten, wie sehr sie sich gewünscht hätten, die gleichen Dinge am Ende *ihrer* Ausbildung gewusst zu haben. Nachdem die Rede von C-Span und anderen Nachrichtensendungen übertragen worden war, wurde ich mit Anfragen geradezu überschwemmt. Wo immer ich hinging, hielten mich Männer und Frauen auf der Straße an, um mit mir über die Rede zu sprechen, ein oder zwei Zeilen, die sie für sich besonders treffend fanden, zu zitieren. Ohne Witz. (Für mich war das ein Schock. In der Regel halten mich Leute auf der Straße an, um mit mir über den Bizeps meines Mannes zu diskutieren oder ihre eigene Version von „I'll be back" mit österreichischem Akzent darzubieten.)

Als Reaktion auf all die Anfragen, die ich für diese Rede, die ich nie schreiben wollte, erhielt, hier also das Buch, das ich nie zu schreiben plante. Die Punkte sind die gleichen – ich habe sie nur mit mehr Inhalt gefüllt. Ein Buch zu schreiben zählt übrigens nicht zu den einfachsten Aufgaben der Welt. Als man mir Geld bot, damit ich aus meiner Abschlussrede ein Buch machte – *das* war der Moment, wo ich nach Hause ging und mich wirklich übergab.

Lehnen Sie sich zurück. Begleiten Sie mich an einem schönen Sommertag nach Massachusetts. Meine Rede begann wie folgt:

Verehrte Fakultät, liebe Eltern, Familie und Freunde, liebe Studenten. Ich lüge nicht, wenn ich behaupte, nicht mehr so aufgeregt gewesen zu sein, seitdem ich lernte, wie man den Namen Schwarzenegger buchstabiert. [Erntete viel Gelächter.]

Vor zwei Monaten rief mich Pater Reedy an und fragte: „Maria, glauben Sie an die freie Rede?" Ich sagte: „Ja sicher, Pater, das tue ich."

„Großartig", meinte daraufhin er, „denn Sie werden im Mai eine bei der Abschlussfeier von Holy Cross halten."

Ganz schön clever, dachte ich bei mir. Ich rief meinen Bruder und seine brillanten Freunde, ehemalige Holy Cross-Studenten, an. „Erzählt mir alles über den Pater."

„Oh, der ist ein klasse Kerl", sagten sie. „Kreativ, witzig, klug und ein exzellenter Spendeneintreiber." Als ich ihn heute endlich persönlich traf, wusste ich nicht, ob ich ihm die Hand schütteln oder seinen Ring küssen sollte.

Pater Reedy, ich möchte Ihnen danken, dass Sie mich hierher eingeladen haben. Ich bin zutiefst geehrt. Bevor ich anfange, möchte ich die Gelegenheit nutzen und den vielen Eltern hier meine Anerkennung aussprechen. Ich weiß, wie stolz Sie sind und bestimmt auch erleichtert, weil Sie nun nicht mehr jeden Monat die hohen Studiengelder bezahlen müssen. Meine Kinder sind noch klein, aber ich kann mir gut vorstellen, wie viel Liebe, Geduld, Verständnis und immens harte Arbeit es kostet, Kinder hierher zu bringen. Deshalb ziehe ich an dieser Stelle meinen Hut vor Ihnen allen. Meine Gratulation.

Erlauben Sie mir, meinen eigenen Eltern zu danken, die die ganze Nacht von einem Special Olympics-Vorstandstreffen in Europa hierher geflogen sind. Mutter und Vater, nichts könnte mich mit mehr Stolz erfüllen, als hier vor euch zu stehen, einen Ehrentitel von einem katholischen College zu empfan-

gen und die Abschlussrede halten zu dürfen. Ich liebe euch.

Ich fühle mich geehrt, am heutigen 25. Jahrestag – eine der klügsten Entscheidungen, die Holy Cross jemals getroffen hat – zu Ihnen sprechen zu dürfen. Ich meine damit die ein Vierteljahrhundert alte Entscheidung, Kaliber und Qualität dieser Ausbildungsstätte durch die Zulassung weiblicher Studenten anzuheben. [Mit riesigem Applaus quittiert.] *Glauben Sie mir, ich weiß, wovon ich spreche. Ich war das einzige Mädchen in einer Familie mit vier Brüdern und weiß, wie sehr ich die Qualität ihres Lebens angehoben und verbessert habe – ganz gleich, wie sie das beurteilen. Und auch ich besuchte eine jesuitische Lehranstalt – Georgetown University –, die zuvor nur Männer aufgenommen hatte.*

Gestatten Sie mir, Gentlemen, Sie einen Moment lang zu quälen. Schließen Sie Ihre Augen, und versuchen Sie, sich Holy Cross ohne Frauen vorzustellen. Grauenvoll, nicht wahr? Und soooo langweilig! Was das betrifft, versuchen Sie, sich Ihr Leben generell ohne Frauen vorzustellen. Wetten, es klappt nicht? Ohne uns Frauen wüßten Sie nicht, was Sie mit sich anfangen sollen. Und schlimmer noch: Sie wüßten nicht einmal, dass Sie es nicht wissen – weil wir nicht da wären, um es Ihnen zu sagen.

Denn eines dürfte klar sein: Wir Frauen jammern vielleicht manchmal und tun so, als plagten uns Selbstzweifel, Angst und Versagensdruck. Aber in Wirklichkeit wissen wir, was unsere Stärken sind: Intelligenz und Esprit und Talent und Kreativität und hervorragende Intuition. Ganz zu schweigen von Schönheit, Eleganz, Ästhetik, Geschmack und – verzeih mir, Mama – wahnsinnig phantasievollem Sex. [Stehende Ovation von der gesamten Studentenschaft] *Mit einem Wort: Holy Cross, Ihr habt Recht gehabt mit Eurer Entscheidung, Frauen zuzulassen.*

Aber ich bin nicht hier, um über Frauen zu sprechen. Mein Ziel heute ist, Ihnen allen etwas Bleibendes mit auf den Lebensweg zu geben. Ein Stück Weisheit. Einen Gedanken, der Ihnen in Ihrem Leben nach Holy Cross hilfreich sein könnte. Ich habe mir den Kopf zerbrochen, wie diese Botschaft lauten könnte. Einige Studenten schrieben mir und schlugen vor, meine Rede solle sich auf ihre Ziele und Ängste, was das Leben im neuen Millennium betrifft, konzentrieren. Pater Reedy schlug vor, ich solle Ihnen erzählen, wie ich den Drahtseilakt zwischen Karriere, Mutterolle und Ehe meistere. Allein der Gedanke daran genügte, um bei mir eine Panikattacke auszulösen. Meine Mutter und mein Vater schlugen vor, ich solle über gemeinnützige Dienste sprechen. Mein Bruder Mark, Holy Cross-Absolvent, schlug vor, ich solle einfach über ihn sprechen.

Nach vielem Hin- und Herüberlegen beschloss ich, Sie in meine Top-Ten-Liste der Dinge einzuweihen, von denen ich mir wünsche, jemand hätte sie mir verraten, als ich, wie Sie heute, bei meiner Abschlussfeier saß und mich fragte, wann die Rede wohl vorbei wäre. Fangen wir an: Zehn Dinge, die ich gern bei meiner Graduierung gewusst hätte – bevor ich in die Welt hinauszog.

Dies es war die Rede. Hier folgt das Buch.

1

Das A und O:

Entdecken Sie Ihre Leidenschaft

✧✧✧

Seien Sie ehrlich zu sich selbst. Machen Sie sich intensive Gedanken darüber, was Sie interessiert. Was Ihnen Spaß macht, Ihre Fantasie fesselt, Ihre Gehirnzellen auf Trab bringt. Was *Sie* tun wollen – nicht, was Sie glauben, dass Ihre Eltern oder Ihre Lehrer oder die Gesellschaft oder andere meinen, dass Sie tun sollten.

Als ich 1977 mit dem College fertig war, hatte ich nur einen Wunsch: Ich wollte eine landesweit ausgestrahlte Nachrichtensendung moderieren. Jeder hielt mich für verrückt. Die Freunde meiner Eltern sagten mir, ich solle Vernunft annehmen und ein Jurastudium beginnen, bis ich wüsste, was ich wirklich wollte. Andere meinten, ich solle versuchen, die Hausse zu erwischen und in der Wall Street vor Anker gehen. Meine Freundinnen wollten allesamt nach New York, ein nettes Appartment finden, Partys feiern und sich amüsieren. Wieder andere rieten mir, doch aufzuhören, mich selbst zu verleugnen, indem ich die Familientradition bekämpfte, und in die Politik gehen. Alles legitime Ziele, nur leider nicht meine.

Ich wollte einen Unterschied ausmachen im Leben von Menschen, aber weder die Jurisprudenz, Geschäftswelt oder Politik schwebten mir als Arena vor. Ich wollte aktuelle Geschichten im aktuellen Medium der Zeit – dem Fernsehen – erzählen, die Welt mit in Worten und Bildern gekleideten Gedanken erreichen.

Woher rührte mein leidenschaftlicher Wunsch, Nachrichtenmoderatorin zu werden? Der Floh hatte sich mir 1972 – ich war damals noch in der Highschool – ins Ohr gesetzt. Wie einige unter Ihnen vielleicht wissen, war mein Vater in jenem Jahr der demokratische Kandidat für das Amt des US-Vizepräsidenten. Ich half in seiner Wahlkampagne mit und hatte das seltene Glück, im Flugzeug des Wahlhelferteams mitfliegen zu dürfen. (Sollten Sie Lust haben oder die Chance bekommen, an einer Wahlkampagne mitzuarbeiten, tun Sie`s. Ich garantiere Ihnen, Sie lernen mehr über die Leute und die Politik in diesem Land als bei jeder anderen Gelegenheit.)

Das Team meines Vaters „verbannte" mich – Töchterchen des Kandidaten, natürlich verwöhnt! – zu *ihnen* in den hinteren Teil der Maschine. Wie sich herausstellte, war das das Beste, das sie mir antun konnten. Sie müssen wissen, im hinteren Teil der Maschine tobten Witz und Spaß, denn *sie* waren die Presseleute, die schuftenden, flachsenden, frotzelnden Männer (und ein paar Frauen), die für die großen nationalen Medien arbeiteten – für Zeitungen, Nachrichtenagenturen, Rundfunk und Fernsehen. Die meisten von ihnen waren Veteranen der politischen Berichterstattung, betrachteten seit Jahren die vorbeiziehende Parade der Kandidaten und Kampagnen mit souveränem (mancher würde sagen: skeptischem oder gar feindseligem) Blick. Unentwegt beobachteten und kommentierten sie, was um sie herum vorging; nichts blieb ihnen verborgen. Ihr endloser Strom an Statements, Seitenhieben und

Bonmots verlieh der Präsidentschaftskampagne in meinen Augen eine völlig neue Dimension.

Bedenken Sie: Ich hatte mein ganzes Leben lang Politik gelebt und geatmet – politische Diskussionen und Debatten wie Bratkartoffeln jeden Abend zum Dinner vorgesetzt bekommen, seitdem ich ein kleines Kind war. Man könnte sagen, Politik – Geschichte zu machen – war in vielerlei Hinsicht das Geschäft unserer Familie. Aber in jenem Jahr der Kampagne erlebte ich etwas, das mich nie mehr loslassen sollte: Ich erlebte, wie die Presse der Geschichte ihren Stempel aufdrückte, bevor sie Geschichte wurde, etwas, das gerade vor meinen Augen passiert war, nahm und in einen Kontext einbettete. Was die Öffentlichkeit erfuhr, war nicht das rohe Ereignis, wie ich es in der Kampagne erlebt hatte. Nein, alles wurde von den Journalisten gefiltert, erklärt, in Form gebracht und drapiert, bevor es an die Massen weitergegeben wurde.

Während wir durch das Land reisten, änderte sich diese bunte, aufregende Zigeunerbande der gescheiten und schlagfertigen Erklärer und Drapierer immer wieder. Reporter und Teams lokaler Medien schlossen sich uns eine Weile an und verabschiedeten sich wieder – Leute mit regionalen Anliegen wie die Vertreter der Landwirtschaft in Wichita oder die Gewerkschaften in Detroit, die ihren eigenen Blickwinkel hatten. Und ich hatte die einmalige Gelegenheit, mit ein paar der echten Vollblut-Profis, Stars der politischen Berichterstattung, Tuchfühlung aufzunehmen und ihnen bei der Arbeit über die Schulter zu sehen. Ihre Beiträge in der *New York Times*, der

Washington Post oder den *CBS Evening News* erwartete ich voll brennender Ungeduld.

Aber mir fiel nicht nur der Unterschied zwischen lokal und national arbeitenden Journalisten auf. Die gewöhnlichen Reporter berichteten, was sie tatsächlich gesehen und gehört hatten – griffen Themen für ihre Beiträge auf, berichteten mehr oder weniger wertfrei und ließen die Leser oder Zuschauer ihre eigenen Schlüsse ziehen. Anders die Kolumnisten und Kommentatoren: Sie interpretierten und analysierten, boten ihre persönliche Sichtweise dessen dar, was in der Wahlkampagne 1972 passierte.

Jedenfalls erkannte ich, dass es die Nachrichtenleute – nicht mein Dad oder sein Pressestab – waren, die entschieden, welcher Teil einer Rede es, wenn überhaupt, in die Zeitung oder ins Fernsehen schaffte. Indem sie Sachthemen in den Vordergrund stellten oder den Kandidaten oder sich auf ein Pferderennen konzentrierten, übten diese Journalisten einen immens großen Einfluss aus. Und, so schien mir, das Fernsehen war das bedeutendste Medium von allen. Seine Direktheit erlaubte ihm, die aufgepeitschte (oder einschläfernde) Atmosphäre der Kampagne hautnah einzufangen und wiederzugeben – ebenso wie die Ernsthaftigkeit (oder den Zynismus) der Kandidaten.

Ich begriff, während ich hinten im Flugzeug saß und Erdnüsse knabberte: Das Fernsehen stellte die Politik der Zukunft dar. Das Fernsehen würde künftig das Vehikel sein, um die Menschen zu berühren, zu bewegen und zu begeistern, zu verärgern und zu erziehen, so wie es früher die Politiker taten, als sie noch in direkten Kontakt mit dem Wähler auf der

Straße traten. Das wusste ich instinktiv und da wollte ich dabei sein.

Wohlgemerkt, das war die Wahl 1972, kurz bevor die Watergate-Affäre die Nation erschütterte. Bevor Bob Woodward und Carl Bernstein (und erst recht Robert Redford und Dustin Hoffman) der Generation das Idealbild integerer Journalisten lieferten, die einen Kreuzzug gegen korrupte Politiker führten, deren Machenschaften sie im Dienste der Wahrheit schonungslos ans Licht brachten. Das Nachrichtengeschäft empfahl sich 1972 nicht unbedingt als Karrierefeld, vor allem nicht für eine Frau.

Ich saß also hinten im Flugzeug, zu viele Erdnüsse knabbernd (mehr dazu später), und dachte: „Ja, das ist das Richtige für mich." Ich wollte auch quer durch das Land und rund um den Globus reisen, Menschen aus allen Winkeln der Welt und allen Schichten der Gesellschaft begegnen. Ich würde ihnen zuhören und mich dann herumdrehen und Zeugnis geben – ihre Geschichten mit der Nation vor den Bildschirmen teilen. Ich würde das konkurrenzgeprägte Klima einatmen, zu der Clique unter Strom stehender Voll-Profis dazugehören. Nie würde meine Arbeit langweilig sein – nicht zuletzt, weil Lachen ein wichtiger Teil davon wäre. Und hatte ich nicht immer gesagt, ich wollte keinen Schreibtisch-Job? Diese Burschen im Flugzeug besaßen nicht einmal einen Schreibtisch.

Tag für Tag löcherte ich meine Reisegefährten mit allen möglichen Fragen, die mir in den Sinn kamen. Welche Schule habt ihr besucht? Was habt ihr studiert? Wo habt ihr eure vielen Erfahrungen gesammelt? Wie kommt ihr mit dem Konkurrenzkampf klar? Mit den mörderischen Deadlines jeden Tag? Empfindet ihr den Druck als Last oder als Kick? Wie viele Zeitungen lest ihr am Tag? Fünf? Wie kommt ihr an die großen Knüller ran? Wie könnt ihr scheinheilig mit den Kollegen plaudern und heile Welt spielen, wenn es nur darum geht, Abend für Abend mehr Zuschauer als sie vor die Bildschirme zu holen? Ich saugte die Antworten auf, und meine Träume nahmen immer mehr Gestalt an. Als die Kampagne 1972 vorbei war, wusste ich, was ich mit meinem Leben anfangen wollte – aber ich sagte zu keinem ein Sterbenswort.

Ich erzählte keinem davon, weil ich glaubte, sie würden mich für einfältig und albern halten, und ich keine Lust hatte, sie zu überzeugen, dass ich das nicht war. *Ich* wusste, was ich wollte, und das genügte. Zugegeben, ein bisschen hing das auch mit meiner Familie zusammen, die die Presse für feindliche Spione hielt, von denen uns eine riesige Kluft trennte, die uns hinterhältig belauerten, jeden unserer Schritte verfolgte. Wie viele junge Leute, die ihre Träume für sich behalten, vermutete ich, meine Familie schrecklich zu enttäuschen mit meiner Wahl.

Vergessen Sie nicht: Nur weil Sie *glauben*, die Erwartungen anderer erfüllen zu müssen, heißt das nicht, dass Sie das wirklich *müssen*. Und jetzt das Schockierende: Sie können auch Unrecht haben. Bei mir war es so. Als ich meinen Eltern endlich meinen Berufswunsch offenbarte, rieten sie mir mit keiner Silbe davon ab. Mit keinem Wort suggerierten sie, ich könnte oder sollte oder würde keinen Erfolg in der Nachrichtenbranche haben. Sie nickten nur, bedauerten, mir in diesem Bereich keine große Hilfe sein zu können, und gaben mir ihren Segen. Vielleicht hielten sie mich für albern oder verrückt, aber sie behielten es für sich. Sie ließen mich gewähren, beobachteten meinen Werdegang, und am Ende wandelte sich ihre Skepsis, so sie anfangs vorhanden war, in Stolz.

Natürlich verlor mein Vater die Wahl 1972. Nicht ich. Ich hatte gewonnen. Ich hatte eine Vision gewonnen, der ich in meine Zukunft hinein folgen konnte – mit all meiner Leidenschaft. Diese Vision färbte sämtliche Entscheidungen, die ich von nun an traf – wo ich wohnte, wo ich arbeitete, mit wem ich meine Zeit verbrachte. Ich war entschlossen, alles zu erlernen, was es im Nachrichtengeschäft zu erlernen gab, und ich war entschlossen, gut zu werden.

Die Lektion

Vertrauen Sie Ihrem Instinkt – egal, was Ihre Eltern oder Lehrer oder wer auch immer von Ihrer Wahl hält. Wenn Sie nicht wissen, wo sie anfangen sollen, versuchen Sie, sich in einem ersten Schritt klar zu werden über die Branche, das Ressort, die Leute, mit denen Sie zusammenarbeiten möchten. Es ist Ihr Leben. Hören Sie auf Ihren Bauch.

2

Kein Job

ist unter

Ihrer Würde

Eltern, Freunde und Bekannte mögen Ihnen regelmäßig versichern, dass Sie mehr auf dem Kasten haben als Bill Gates und alles erreichen können, was Sie sich nur vornehmen. Aber ich persönlich kenne niemanden, der nicht von der Bereitschaft profitiert hätte, am unteren Ende der Leiter zu starten. Selbst Bill Gates fing mit einfachen Programmierjobs an.

Unten anzufangen bildet den Charakter. Es macht hungrig und entschlossen. Nebenbei ist es eine glänzende Methode, um herauszufinden – so überraschend das klingt –, dass Sie nicht so clever sind, wie Sie glauben. Und es ist die beste Methode, zu *lernen*. Denn falls Sie noch nicht selbst dahinter gekommen sind: Da draußen gibt es eine Menge, das Sie noch lernen können. Und lernen können Sie nur, wenn Sie zugeben, etwas noch nicht zu können, was bedeutet: Sie müssen unten anfangen. Da wo ich auch anfing. Viele Male.

Nach dem College setzte ich alles daran, meinen Traum zu realisieren. Ich bewarb mich für einen Platz im Westinghouse-Ausbildungsprogramm, um dort ein Praktikum bei einer der TV-Stationen, die Westinghouse überall im Land betrieb, abzuleisten. Ich wurde angenommen und machte mich gleich nach dem College auf den Weg nach Philadelphia zu KYW-TV, wo mich mein erster Fernsehjob erwartete. Das Anfangsgehalt in der glamourösen Welt der TV-

Nachrichten: 12 000 $. Mit Pferdeschwanz, leuchtenden Augen, in der Tasche ein funkelnagelneues Diplom in American Studies, betrat ich das Sendegebäude.

Ich stellte mich dem verantwortlichen Nachrichtenintendanten vor – eine Begegnung, von der ich mich in vielerlei Hinsicht bis heute noch nicht ganz erholt habe. Er war ein Lokalnachrichten-Veteran: intelligent, zäh, voreingenommen und entschlossen, mich sofort wissen zu lassen, dass *sein* Nachrichtenressort *kein* Tummelplatz für kleine, reiche Dilettantinnen wie *mich* sei, die sich amüsieren wollten, bis sie unter die Haube kämen. Er war sich nicht sicher, wie viele Beziehungen ich hatte spielen lassen, um bei diesem Job zu landen, nach dem sich 50 junge Leute, die ihn eher verdienten als *ich*, die *Finger leckten*; auf alle Fälle nahm ich jemandem den Platz weg, und das behagte ihm ganz und gar nicht. Er erklärte mir, dass er in seinem Team niemanden tolerieren oder sich leisten konnte, der nicht 150%-iges Engagement zeigte, nicht bereit war, 24 Stunden am Tag zu arbeiten, sieben Tage die Woche, Feiertage inklusive, Nachtschicht, Frühschicht – und wie wäre es mit einer *Doppelschicht?* Jedenfalls hätte er keine Verwendung für eine 21-jährige – noch dazu *Reiche* – Absolventin eines Nobel-College, die in seinem Nachrichtenraum steht und denkt: „Ooooh, fein! Darf ich mit den Kameras spielen? Hey, ich will auf Sendung!"

Nie zuvor hatte jemand so mit mir geredet. Er sagte mir Dinge, die mir noch nie jemand gesagt hatte. Und es war ihm vollkommen egal, denn er war sich ziemlich sicher, ich würde nicht durchhalten und wäre weg vom Fenster, noch bevor jemand Notiz von mir genommen hätte – weil ich eine *Fremde*, ein *Eindringling* war und, anders als *er*, nicht hineinpasste in die hartgesottene, aggressive, unsentimentale TV-News-Welt. Damit du Bescheid weißt, verwöhnte Göre.

Wumm – hallo? Ich verließ sein Büro, ging den Gang zu den Toiletten hinunter, schloss mich in eine der Kabinen ein und heulte mir die Augen rot. Das war das erste und letzte Mal, dass ich bei der Arbeit weinte. (Nicht das letzte Mal, das ich *über* meine Arbeit weinte. Nur das letzte Mal, dass ich tatsächlich *bei* der Arbeit Tränen vergoss.)

Später merkte ich, der Nachrichtenintendant hatte nur den Mut gehabt, mir offen in mein kleines fröhliches Gesicht zu sagen, was viele heimlich dachten: „Arbeiten? Die braucht doch nicht zu arbeiten! Was um Himmelswillen macht die überhaupt hier?" Seine Worte begleiten mich inzwischen seit über zwei Jahrzehnten, und ich bin dem Nachrichtengeschäft treu geblieben, habe alle Höhen und Tiefen gemeistert, nicht zuletzt, um diese kritische Stimme, die in meinem Kopf nachhallt, zum Schweigen zu bringen. Verrückt, was?

Nun, ich bin sicher, der Intendant wollte mein Selbstbewusstsein brechen. Stattdessen half er mir, konsequent meinen Weg zu gehen. Denn nachdem ich mich geschnäuzt hatte und aus der Toilette herausgekommen war – und, wie ich gestehe, meine Eltern angerufen und ihnen erzählt hatte, was der böse Mann zu mir gesagt hatte –, fasste ich den Entschluss, mir und der Welt zu beweisen, dass er Unrecht hatte.

Es gab nichts, das ich bei KYW nicht tat. Ich arbeitete wie ein Pferd. Mit den Hühnern aufstehen, um drei Uhr früh hundemüde ins Bett fallen – kein Problem. Die Doppelschicht? Oh ja, *bitte*. Ich schuftete wochentags, an Feiertagen, am Wochenende, Tag um Tag, ohne Pause. Ich richtete mich ein, wo immer ein Fleckchen frei war – einen eigenen Schreibtisch hatte ich nicht. Mit Argusaugen las ich, was der Nachrichtenticker ausspuckte, auf der Suche nach gutem Stoff – für die anderen. Hielt die Stellung, während die anderen im Bett lagen und schliefen. Hörte aufmerksam den Polizeifunk, um von möglichen Verbrechen zu erfahren. Telefonierte, recherchierte, terminierte stundenlang. Katalogisierte die Videokassetten der echten Reporter, um ihnen Arbeit zu ersparen. Beantwortete das Telefon beim ersten Läuten. Und ich kochte Kaffee für meinen fiesen Intendanten! Dabei rang ich mir sogar ein Lächeln ab. Ich durchlief meine höchstpersönliche Journalistenschule, bastelte meinen eigenen Stundenplan, indem ich herausfand, was niemand sonst tun mochte, und es tat.

Denn sehen Sie, was der Intendant nicht erkannt hatte, war, dass das Nachrichtengeschäft meine *Leidenschaft* war. Ich war nicht bei KYW, um mich zu amüsieren oder unter die Haube zu kommen oder berühmt zu werden. Für mich gab es nur einen Grund: Ich wollte anfangen mit der Realisierung meines leidenschaftlichen Berufswunsches. Und dieser Kerl spornte mich indirekt sogar an, indem er mich auf die Probe stellte. Schon an jenem ersten Tag sorgte er dafür, dass ich mich ehrlich prüfte, ob ich wohl durchhalten würde. Wäre ich in der Lage, den

Blick aufs Ziel geheftet zu lassen? Glühte das Feuer in mir? Denn diese Gewissheit braucht man, wenn man mit der Kritik und Negativität solcher Typen fertig werden will. Und ich wusste, er würde nicht der Letzte sein. Er hatte meinem Ego einen Kratzer verpasst – na und? Ich werde ihn *benutzen*. Ich werde von ihm *lernen*. Ich werde es ihm *zeigen*. Und das tat ich.

Vielleicht hatte er ja Recht. Vielleicht war ich eine Göre. Wenn ich mir etwas in den Kopf gesetzt habe, das auf den ersten Blick unerreichbar erscheint, lasse ich nicht eher locker, bis ich es kriege. Diese Hart-näckigkeit – oder sollte ich sagen: Sturheit? – besaß ich schon als Kind. Und wer hart arbeitet, um nach oben zu kommen, dem bedeutet der Erfolg am Ende umso mehr.

Ich blieb bis zum Ende meines Ausbildungspro-grammes in Philadelphia. (Übrigens: Jahre später, als ich als Reporterin für ein nicht mehr existierendes Nachrichtenmagazin in New York arbeitete, lief ich dem Nachrichtenintendanten aus Philadelphia über den Weg. Er war einer der Produktionsleiter des Ma-gazins. Ihn zu sehen brachte mich ziemlich aus der Fassung. Wir grüßten uns – mehr nicht –, und da-nach sah ich ihn niemals wieder.)

Nach Philadelphia bewarb ich mich als Produ-zentin bei WJZ, dem Westingshouse-Sender in Balti-more, und bekam den Job. Ich packte meine Koffer und fuhr Richtung Süden, immer noch mit Pferde-schwanz und leuchtenden Augen, aber diesmal ein bisschen weniger naiv. Ein Vorteil, wenn man im Nachrichtengeschäft ganz unten beginnt, ist die Ge-legenheit, in diesen kleinen Lokalsendern zu arbeiten, wo jeder, unbehelligt von den Gewerkschaften, jeden Job machen darf und damit die Chance bekommt, von der Pike auf alle Aspekte des Business zu erlernen. Ich wurde als Koproduzentin/Tontechnikerin eingestellt. Vor lauter Überschwang, die nächste Stufe der Leiter erklommen zu haben, hatte ich WJZ erzählt, *selbstverständlich* könnte ich mich, neben meinem Job als Koproduzentin, auch um den Ton kümmern. Das war geflunkert, denn in Wirklichkeit hatte ich nicht den geringsten Schimmer von dem, was ein Tontechniker machte. Aber wie schwierig konnte das schon sein?

Sehr schwierig. Die erste Zeit in Baltimore verbrachte ich am Rande des Nervenzusammenbruches. Ich erinnere mich an nichts aus diesen ersten Monaten, außer dass ich rund um die Uhr arbeitete, jeden Tag – in meinem Gedächtnis verschwimmt alles zu einer wabernden grauen Masse. Ähnlich wie bei einem Blackout. Kann sein, dass es sich um eine Art der Verdrängung schmerzlicher Erlebnisse handelt. Es wäre möglich, dass ich übertreibe, aber ich glaube es ehrlich gesagt nicht. (Ich arbeitete so viel in der Zeit in Baltimore, dass ich es nicht einmal schaffte, meine Umzugskisten auszupacken.)

Als Tonfrau war ich schlecht, kriminell schlecht. Überstunden hatten mir bisher nie viel ausgemacht, aber mit 15 Kilogramm Tonausrüstung auf einer Schulter sah die Sache anders aus. Ich hatte das Gefühl, eine Tonne mit mir herumzuschleppen. (Heute als vierfache Mutter lache ich darüber!) Obendrein musste ich ständig rennen wie blöd, um mit dem Kameramann, mit dem ich über ein langes Tonkabel verbunden war, Schritt zu halten. Und damit wir uns recht verstehen: Ich war kein mageres Mimöschen. Nein, ich war ein kräftiges Mädchen. Und überfordert. All die Kabel, Adapter, Klinkenstecker, Steckdosen, Schnüre und Drähte – und ich hatte keine Ahnung, was wozu oder wohin gehörte, und der Durchblick wollte sich auch nicht einstellen. Ich war unfähig, die Ausrüstung gerade zu halten, permanent verhedderten sich die Kabel. Der absolute Tiefpunkt war erreicht, als ich zum ersten Mal ein Interview des mir zugeteilten Reporters aufzeichnen sollte. Als wir später im Sender das Band abspielten, war darauf kein einziger Ton zu hören – kein Räuspern, kein Rauschen, kein Knacken, nichts, gar nichts. Mucksmäuschenstille. Und dieser Vorfall sollte nicht einmalig bleiben.

Egal, wie sehr ich mich bemühte – ich wurde und wurde nicht besser. Trotzdem würde ich meine Erfahrung als schlechteste Tonperson der Geschichte gegen nichts in der Welt eintauschen wollen, gehörte sie doch zu dem wertvollsten, was ich über Demut und die Notwendigkeit, zu seinen Schwächen zu stehen, gelernt habe.

Merken Sie sich: Nicht alles im Leben ist ein Kinderspiel – jeder stößt früher oder später an seine Grenzen. Gleichgültig, was Ihre Eltern Ihnen erzählt haben – nicht alles, das Sie sich vornehmen, können und werden Sie tatsächlich schaffen. Ich arbeite mit Leuten zusammen, die Fähigkeiten besitzen, von denen ich heute weiß, dass ich sie nicht besitze – und ich akzeptiere das. Die Umsetzung journalistischer Beiträge in Bild und Ton ist immer ein Resultat von Teamwork: Ich habe größten Respekt für die Redakteure, Kameraleute und – allen voran – für die Tontechniker. Ihr Job erfordert unendlich viel Begabung und künstlerische Fertigkeit und Wissen über Tonausrüstungen, Mikrofone, Elektronik, Funkfrequenzinterferenzen, noch dazu, wo heute alles digitalisiert ist – Dinge, die sich mir komplett entziehen.

Ich entschuldige mich aufrichtig bei allen Kameraleuten, die in Baltimore das Pech hatten, mich als Tonfrau zu haben. Ich wusste: an jenem Tag, als der Produzent mich in einem Akt der Selbsterhaltung – eigentlich war es ein Gnadenstoß – von meiner Verantwortung für den Sound befreite, machte ihr Herz genauso einen Freudenhüpfer wie meines.

Endlich konnte ich mich ganz auf meine Rolle als Koproduzentin konzentrieren – Geschichten ausfindig machen, überlegen, wie sie erzählt werden sollten, mit dem Reporter die Drehorte besuchen und Material zusammentragen, das Material ordnen und im Schneideraum zu einem Beitrag zusammenfügen. Ich arbeitete wie eine Besessene, und, was das Produzieren von Beiträgen betraf, *wurde* ich mit der Zeit besser. Ich blieb zwei Jahre in Baltimore und genoß, nach der Sound-Pleite, jede einzelne Sekunde davon – die Freundschaften, die ich knüpfte, meine Arbeit, die Möglichkeiten, die ich bekam.

In Baltimore fing ich an, das Vertrauen zu entwickeln, dass ich, wenn ich Beiträge schreiben und produzieren konnte, die von anderen präsentiert wurden, dasselbe auch für mich tun könnte. Ich hatte nicht eher *vor* die Kamera gewollt, bis ich das Gefühl hatte, genügend darüber zu wissen, was hinter der Kamera geschieht, und im Notfall auf niemanden angewiesen wäre. Ich wollte nicht passiv sein – nicht noch ein hübsches Gesicht, das einen fremden Text aufsagt, Beiträge kommentiert, die andere verfasst haben. Ich wollte all das selbst tun können – Themen aufspüren, Material sammeln, Texte schreiben, Beiträge kreieren und mit *meinem* Namen darunter abliefern. Mein stiller Pakt mit mir: In meinem nächsten Job würde ich versuchen, vor die Kamera zu kommen. Ob ich „reif" dafür war, wusste ich nicht, wollte es aber auf einen Versuch ankommen lassen.

Ich verließ Baltimore, um 1980 erneut in einer Wahlkampagne mitzuarbeiten – dieses Mal war mein Onkel Teddy als Kandidat der Demokraten ins Rennen um das US-Präsidentenamt gegangen. Als sie zu Ende war (schneller als uns lieb war, aber das wäre ein Thema für ein anderes Buch), klapperte ich ein paar TV-Agenten ab, auf der Suche nach einem „On-air"-Job. Die Gespräche, die ich führte, waren denkwürdig, weil keiner der Agenten mir auch nur eine Spur von Mut machte. Mut machen – was sag` ich da? Stellen Sie sich vor: Einer der – noch heute – wichtigsten Agenten im TV-Business sagte mir unverfroren ins Gesicht, das könnte ich mir abschminken, *nie* könnte er mich irgendwohin schicken, ehe ich nicht elf oder zwölf Kilogramm abgenommen und etwas gegen meine nasale Stimme unternommen hätte. Elf oder zwölf Kilogramm! (Erinnern Sie sich an meine Ankündigung, später auf die Erdnüsse zurückzukommen? All die Jahre hatte ich weiter Erdnüsse gefuttert.)

Dieses Gespräch werde ich mein Leben lang nie vergessen. Ich verließ sein Büro mit hoch erhobenem Kopf – kaum saß ich im Auto, heulte ich wie ein Schlosshund. Ich fühlte mich gedemütigt und verletzt. Und ich war wütend auf den Agenten und sei-

ne beiläufig hingeworfene Gemeinheit. Ich rief meine
Eltern an, die sich empörten: „Natürlich bist du *nicht*
dick! Deine Stimme ist nicht schrill! Noch nie hat
jemand das von deiner Stimme behauptet! Du bist
weder dick noch hast du eine schrille Stimme!" Natürlich wollen die Menschen, die dich lieben, dich
aufbauen. Tief in meinem Innern wusste ich jedoch,
dass da mal wieder ein brutal aufrichtiger Mensch
gewesen war, der mir ins Gesicht schleuderte, was
ich längst hätte wissen sollen. Der Versuch, Ihre Leidenschaft zu realisieren, wird Sie manchmal mit un-
angenehmen Wahrheiten über Ihre Person konfron-
tieren. Dann liegt die Entscheidung bei Ihnen, ob Sie
sich ändern wollen oder nicht. In meiner damaligen
Situation bedeutete das: entweder weiter zu essen
wie bisher oder das Ruder herumzureißen. Wieder
schnäuzte ich mich einmal kräftig und fasste den
Entschluss, diese entwürdigende Erfahrung positiv
zu nutzen – als Lektion in Demut. „Okay, wenn es
das ist, was ich tun muss – ich bin bereit."

Ich hatte immer mit meinem Gewicht gekämpft.
Der Zeiger auf der Waage ging auf und ab, auf und
ab – das leidige Jo-Jo-Prinzip. Aber jetzt betrieb ich
mein Dünnerwerden als Full-time-Job, als meine persönliche Kampagne. Ich ging auf rigide, strenge Diät.
Ich trainierte wie wahnsinnig, schrieb jeden Bissen
auf, den ich zu mir nahm – das volle Programm. Ich
fand eine Stimmtrainerin, die ich mehrmals in der
Woche aufsuchte. Ich arbeitete wie eine Besessene an
mir, hielt mein Ziel fest im Visier. Wenige Monate
später stand ich wieder im Büro des Agenten und
verlangte von ihm, mir zu helfen, denn ich sei seinem
Rat gefolgt. Er versuchte es, aber die Jobs, zu denen

er mich schickte, erforderten mehr Bildschirmerfahrung, als ich sie hatte – denn ich hatte keine. Wenn die Bildschirmpräsenz mein Ziel war, musste ich ganz unten anfangen. Mal wieder.

Binnen weniger Monate – ein Hoffnungsschimmer. Für eine Musiksendung wurde jemand gesucht, der vor Ort legendäre Musik-Größen wie Aretha Franklin oder Alice Cooper interviewte. Ich würde die Interviews führen, ohne dass die Zuschauer mich sahen. Aber immerhin gab mir das die Chance, Filmmaterial von mir am Set zu bekommen, das ich für ein Demoband benutzen und mich damit bewerben konnte. Im Fernsehen ist es wie in allen Branchen: Man ergreift jede sich bietende Chance, um ein kleines Stück vorwärts zu kommen.

Um die gleiche Zeit war Westinghouse im Begriff, seine sehr erfolgreiche Lokalnachrichtensendung *Evening Magazine* in das landesweit ausgestrahlte *PM Magazine* umzuwandeln. Da ich für sie als Koproduzentin in Baltimore gearbeitet hatte und bereits Mitglied der Westinghouse-Familie war, sahen sich die Produzenten mein brandneues Demoband an. Und sie waren bereit, mir eine Chance vor der Kamera zu geben. Immerhin wussten sie, dass ich ein Arbeitstier und billig war, und wenn es nicht klappte, konnte ich zur Not wieder das tun, was ich in Baltimore getan hatte. (Mein Rat: Brechen Sie keine Brücken hinter sich ab, wenn Sie einen Arbeitgeber verlassen. Sie wissen nie, ob Sie nicht vielleicht irgendwann auf seine Hilfe angewiesen sein werden.)

Ich hatte also endlich meinen „On-air"-Job und war überglücklich. Zwei Jahre lang arbeitete ich als

Korrespondentin von Los Angeles aus für *PM Magazine* – eine phantastische Zeit. Zugegeben, das Magazin war nicht *60 Minutes*, aber wer konnte sich schon mit *60 Minutes* vergleichen? Nur wenige erreichen dieses Kaliber – und fast niemand fängt dort an. Was machte es schon, wenn ich nicht über Kriege und Politik, sondern über „leichtere" Themen berichtete? Viel Arbeit, viele Reisen, viele interessante Gelegenheiten – mehr brauchte ich zunächst nicht. Ich stand vor der Kamera und befand mich auf Kurs – meinem Kurs, der mich ans Ziel bringen sollte. Ich hatte Spaß, lernte, lernte, lernte – und fühlte mich zunehmend sicherer und wohler in meiner Haut als TV-Nachrichtenfrau.

Ich muss oft schmunzeln, wenn junge Leute zu mir kommen und sagen: „Ich möchte mal genau das tun, was Sie tun", einräumend, sie seien sich natürlich darüber klar, dass ein paar Jahre vergehen würden, bis sie so weit wären. Diese jungen Männer und Frauen rechnen wirklich damit, eine Neuauflage von Tom Brokaw oder Barbara Walters zu werden, noch ehe sie 30 sind. Aber: Der Lernprozess lässt sich nicht abkürzen. Es dauert eine Weile, bis man an die Spitze kommt, und das ist gut so – denn in der Zeit, die es dauert, um nach oben zu kommen, haben Sie gelernt, was Sie wissen müssen, um oben zu bleiben.

Lassen Sie sich Zeit, agieren Sie nicht hastig, überstürzen Sie nichts. Versuchen Sie, gelassen zu bleiben und nicht zu vergessen: Kein Job ist unter Ihrer Würde. Seien Sie aber auch darauf gefasst, dass Ihnen auf dem Weg nach oben kritische und voreingenommene Leute begegnen: Neider, Nichtsgönner – Leute, die sagen, nur weil Ihr Vater diese oder jene

Elite-Universität besuchte, weil Sie gut aussehen oder weil Sie zu einer bestimmten Zeit jemanden ganz Bestimmtes kannten, hätten Sie es so weit gebracht. Machen Sie sich nichts daraus. Lassen Sie solche Dinge an sich abperlen. Wenn Leute ein Problem mit Ihnen haben, ist das ihr Problem – nicht Ihres. Vergessen Sie Ihr Ego, ziehen Sie den Kopf ein, beißen Sie auf die Zähne und gehen Sie in die Offensive – mit Drive und Durchhaltevermögen. Eine bessere Methode, sich Respekt – und Selbstrespekt – zu verschaffen, als durch harte Arbeit, gibt es nicht.

Die Lektion

Unten zu beginnen hat nichts mit Erniedrigung, aber viel mit Demut zu tun – sich bescheiden, realistisch einschätzen, an welcher Stelle der Lernkurve man sich befindet. Seien Sie ehrlich mit sich selbst. Finden Sie Ihre Schwächen heraus und schätzen Sie Kollegen, die diese Schwächen als Stärken aufweisen. Lassen Sie um Himmels willen die Finger von der Tonausrüstung. Und von den Erdnüssen.

3

Für wen Sie arbeiten und mit wem ist genauso wichtig wie das, was Sie tun

✧✧✧

Es stimmt: Es ist besser für Ihre Karriere und für Ihr seelisches Gleichgewicht, in einem zweitklassigen Job für einen erstklassigen Vorgesetzten zu arbeiten, als – sagen wir – Produktionsleiter eines Quotenhits wie der Jerry Springer Show zu sein. Das hat mich meine eigene Erfahrung gelehrt.

Nachdem ich in Philadelphia Mädchen für alles gespielt hatte, durfte ich in Baltimore und Los Angeles immerhin schon Köpfchen und eigene Ideen einbringen, und jetzt sollte sich das Blatt endgültig zu meinen Gunsten wenden. CBS News stellte mich als Produktionsassistentin für die *CBS Morning News* ein, die in L.A. aufgezeichnet wurden. Das war die Nachrichtensendung, auf die ich immer spekuliert hatte! Ich war drin! Mal wieder ganz unten, aber drin! Drin im eiskalten Wasser und schlotternd vor Angst.

Sie müssen wissen, dass ich dort überlebte – mit Erfolg überlebte –, nicht weil ich so genial war, sondern weil eine brillante, witzige, schwerhörige, zähe Produktionsleiterin an dem Tag, an dem ich sie um Hilfe bat, zufällig gute Laune hatte. Unterschiedlicher hätten wir nicht sein können: sie, eine mit allen Wassern gewaschene Nachrichtenveteranin aus Brooklyn, und ich ... nun, sagen wir einfach, ich kam nicht aus Brooklyn. Ich bezweifle stark, dass irgendjemand, der uns kannte, sich vorstellen konnte, dass wir miteinander auskämen, geschweige denn Freundinnen würden.

Als man mir aus der Schaltzentrale der Macht mitteilte, ich würde dieser phantastischen Produktionsleiterin zugeteilt, die mich unter ihre Fittiche nehmen sollte, war ich schwer beeindruckt. Man sagte mir, sie habe bei CBS angeheuert, als es noch ein kleiner Radiosender war, und dass sie eine außergewöhnliche Autorin und Produzentin sei. Sie hatte mit Walter Cronkite und Hughes Rudd gearbeitet. Wow! Sie kannte alle wichtigen Leute, sämtliche Abläufe, Tricks und Finessen. Termine hielt sie zuverlässig ein, die Mikrowelle am Set war ihr genauso vertraut wie die Funktion der Satellitenschüssel. Sie würde schon dafür sorgen, dass ich auf Sendung käme! Sie würde mir alles beibringen, was ich wissen musste.

Ich war vollkommen aus dem Häuschen vor Aufregung. CBS News mag mich! Sie wollen mich aufpäppeln, an die Hand nehmen, mein Potenzial nähren und es wie ein Pflänzchen wachsen sehen! Sie investieren Zeit in meine Karriere, passen auf, dass ich top betreut werde. Wann würde ich die großartige Lady treffen?

Oh, schon in ein paar Wochen, war die Antwort. Dann ist sie nämlich fertig mit ihrem Drogenentzug in der Wüste, und ihr beide könnt euch gleich an die Arbeit machen. Wie bitte?

Was Sie mir verschwiegen hatten, war, dass das nervös-hektische Wrack von Produzentin in *Broadcast News* zur Zeit wie eine Schlafwandlerin wirkte. Ihr Leben war so aus den Fugen geraten – privat wie beruflich –, dass CBS sie auf eine Entziehungskur geschickt hatte. Herrje, na ja, langweilig würde mir jedenfalls nicht werden!

Was ich ebenfalls nicht wusste oder erst viel später erfuhr, war, was sich zur gleichen Zeit in der Wüstenklinik abspielte, als sie herausfand, dass sie mit mir zusammenarbeiten würde müssen. Sie nahm gerade an einer der Gruppentherapie teil, als der Leiter ihr einen Brief von CBS News vorlas, in dem man ihr mitteilte, wenn sie zurückkäme, wäre ihr Job ein anderer: „Wir stellen Maria Shriver ein, und Sie sollen sie zum Star aufbauen."

Sie sprang von ihrem Stuhl hoch und schrie los: „Eine Kennedy? Sie engagieren eine Kennedy? So sehr hassen Sie mich, dass ich mit einer Kennedy zusammenarbeiten muss? Eine schlimmere Strafe fiel Ihnen wohl nicht ein?!" In ihr tobten Erniedrigung, Verzweiflung, Zorn. Für sie – und ich bin sicher, für die meisten Veteranen – repräsentierte ich alles, was schief lief in der Nachrichtenbranche. Ich stammte nicht nur aus einer reichen Familie, ich hatte auch keine Journalistenschule besucht und nicht schon Jahre in der Branche gearbeitet. Schlimmer noch: Ich war jung, sah nicht übel aus und war mit einem österreichischen Bodybuilder liiert, der glaubte, ein Movie-Star werden zu können. Kein Wunder, dass meine Produktionsleiterin meinte, CBS sei übergeschnappt und ihre Karriere vorbei. Retrospektiv bin ich sicher, die Bosse von CBS News dachten, wir würden uns entweder gegenseitig umbringen oder das Handtuch werfen. Zwei Probleme weniger für sie.

Ich werde nie den Moment vergessen, als ich sie das erste Mal traf. Ich war *sooo* glücklich und aufgeregt. Am ersten Tag nach ihrer Rückkehr aus der Kur wartete ich auf sie vor der Tür des Offices-Managers. Ich streckte ihr die Hand entgegen und sagte: „Hallo, ich bin Maria. Ich freue mich riesig, Sie kennen zu lernen." Sie sah mich an, rollte mit ihren Augen – und ging weiter. Ich trabte wie ein Hündchen hinter ihr her. Vielleicht hatte sie mich ja nicht gehört. Ich stellte mich nochmals vor und plapperte weiter, wie großartig alles sei und was für ein Superteam wir abgeben würden. Sie wartete, bis ich fertig war, und blickte mir glashart in die Augen. Sie erklärte, kein Wort von dem, was ich gesagt hatte, gehört zu haben, weil sie schwerhörig und ihr Hörgerät ausgeschaltet sei. Sie fügte hinzu – und ich paraphrasiere, weil der Großteil ihrer Äußerungen nicht druckreif ist –, sie würde nur mit mir arbeiten, weil man sie dazu zwang. Ihrer Meinung nach handelte es sich um eine Herunterstufung ihrerseits, aber offenbar musste sie nun dafür büßen, sich all die Jahre wie eine Verrückte aufgeführt zu haben. Ihre Priorität im Leben sei keineswegs, mich zum Star aufzubauen, sondern clean zu bleiben, ihr Leben ohne Drogen in den Griff zu bekommen. Mir etwas beizubringen stand am Ende – ganz am Ende – ihrer Liste. Plötzlich erschien mir mein Nachrichtenintendant aus Philadephia wie der reinste Waisenknabe.

An unsere ersten gemeinsamen Projekte erinnere ich mich allzu gut. Meine Produktionsleiterin hielt rein gar nichts von mir; ob ich das merkte, war ihr egal – und sie schien zu wollen, dass alle anderen es auch merkten. Wenn wir unterwegs waren, machte ich Vorschläge: „Warum drehen wir nicht diese Szene?" oder „Warum nehmen wir nicht das hier als

Kulisse für das Interview?", denn immerhin *hatte* ich ein paar Jahre als Produzentin gearbeitet. Als Antwort schaltete sie demonstrativ ihr Hörgerät aus, um zu tun, als hätte sie mich nicht gehört, und keinen Zweifel daran zu lassen, dass sie von mir keinerlei nützliche Vorschläge erwartete.

Zurück im Sender schrieb ich das Skript und gab es ihr zum Redigieren. Sie las es, verzog säuerlich das Gesicht und ratterte los, was es alles zu verbessern gab: "Das Skript ist s ... Der Aufhänger der Story hat sich irgendwo in den dritten Absatz verkrümelt – der kommt hier oben hin. Das Attribut steht grundsätzlich am Satzanfang. Nehmen Sie nicht immer die Aussage der Person vorweg. Und erzählen Sie mir nicht, dass ich einen Apfel sehe. Das hier ist Fernsehen, ich bin nicht blind, ich sehe den Apfel mit meinen eigenen Augen. Teilen Sie uns etwas anderes mit. Erklären Sie mir nicht, dass der Vater weint, wenn er gerade weinend im Bild ist. Sagen Sie mir, was Sie über ihn erfahren haben, während Sie mit ihm gesprochen haben." Mit dickem rotem Filzstift strich sie ganze Passagen meines Skriptes: "Alles Blabla." Sie malte Pfeile, um Sätze zu verschieben. Sie schrie, so dass jeder im Büro es hören konnte. Dann schickte sie mich zurück in meine kleine Zelle, damit ich das Skript nochmal schrieb ... und nochmal ... und nochmal, so lange, bis sie endlich sagte: "Okay, kein Blabla mehr. Das ist straff, daraus kann ich etwas machen."

Sie regte sich über meine Off-Kommentare auf: "Sie klingen wie eine Nachrichtenpersiflage aus *Saturday Night Live!*" Verfluchte mich, wenn wir für eine Entertainment-Story abgestellt wurden: "Sie ruinieren meine Karriere!" Sie jagte mich durch den Nachrichtenraum, polternd: „Genauigkeit! Wenn die fehlt, haben wir gar nichts!" Warf mich aus dem Schneideraum: „Lassen Sie mich allein. Ich versuche, Sie gut aussehen zu lassen!" Und das tat sie. Ich sah ihr dabei zu und lernte.

Wir verbrachten so viel Zeit zusammen, dass ich wusste, irgendwann würde sie mit mir reden müssen. Und so wartete ich. Ich hielt die Ohren im Wagen offen, wenn sie dem Team erzählte, ständig an Drogen zu denken und nachts nicht schlafen zu können. Da wurde mir klar, was sie tat – ihr täglicher Kampf, clean zu bleiben – war viel mehr, als was ich tat – das Nachrichtengeschäft kennen zu lernen. Und so backte ich einfach kleine Brötchen, sah ihr zu und bat sie immer wieder um ihre Hilfe.

Bald änderte sich die Situation. Eines Tages platzte sie in mein Büro, knallte die Tür hinter sich zu und schrie: „Ich schaffe das nicht mehr. Ich geh` jetzt los und dröhne mich zu."

Ich schrie zurück: „Machen Sie sich nicht lächerlich! Wissen Sie denn nicht, wie mutig Sie sind? Wie viel Mut es kostet, zu tun, was Sie tun?"

„Ich und mutig? Ich bin nicht mutig. Den Druck ertrage ich nicht mehr. Ich schaffe das nicht."

„Und ob Sie es schaffen! Machen Sie, dass Sie hier rauskommen, und gehen Sie zu einem Ihrer anonymen Treffen." Und das tat sie. Ich glaube, das war der Moment, in dem wir beide merkten, dass wir uns selbst und unserem Arbeitgeber etwas zu beweisen hatten – aber nicht uns gegenseitig. Und dass es eine Menge gab, das wir voneinander lernen konnten. Von jenem Tag an erlaubte keine von uns mehr, dass die andere sich von Angst übermannen ließ, und das Vertrauen zwischen uns wuchs.

Wir wurden ein fabelhaftes Gespann. Sie ging immer noch mit dem Rotstift durch mein Skript: „Blabla! Zu viel Blabla!" Aber wir lachten beide darüber – und der Rest des Teams lachte auch. Während wir lachten und arbeiteten, wurde ich besser, was meinen Job betraf, und sie wurde besser, was ihr Leben betraf. Wir reisten rund um den Globus, berichteten über alles, was gerade aktuell war: Morde, politische Gipfeltreffen, die Olympiade, die Filmfestspiele in Cannes. Was auch immer die Welt umtrieb, wir waren vor Ort dabei.

Nehmen wir zum Beispiel Boxen. Als unser Vorgesetzter uns zum Mittelgewichts-Weltmeisterschaftskampf „Marvelous" Marvin Hagler gegen Roberto Duran in Las Vegas schickte, verlief der Dialog zwischen uns etwa so:

„Hast du eine Ahnung vom Boxen?"

„Nein. Du?

„Nö."

„Okay, fahren wir!"

In Las Vegas sorgte meine Produktionsleiterin dafür, dass uns ein Redakteur zugeteilt wurde, der etwas vom Boxen verstand. Da wir nicht die Fernsehrechte für den Kampf hatten, musste sie mit einem Standfotografen arbeiten und den Film sofort entwickeln lassen, damit mein Boxkommentar rechtzeitig zum Frühtermin an der East Coast fertig sein konnte. Boxkommentar? Wie um Himmels willen sollte ich einen Boxkommentar abgeben?

Die meisten Branchen funktionieren nach dem „learning by doing"-Prinzip. Aber in der Nachrichtenbranche muss man wahnsinnig *schnell* lernen, am besten über Nacht zum Experten werden, denn man wird ständig ins kalte Wasser geworfen. Man muss den richtigen Leuten die richtigen Fragen stellen, gut zuhören und fix begreifen.

Als ich im Caesar`s Palace ankam (ich ging allein, weil wir nur einen Presseausweis hatten), dachte ich mir, die richtigen Leute seien wohl die, die mit der Moderation von Boxkämpfen ihren Lebensunterhalt verdienten. Einige davon, Dick Schapp von ABC News und die Jungs von *Sports Illustrated*, saßen am Ring, und ich ging zu ihnen. Unumwunden bat ich um ihre Hilfe: „Hier ist ein Stück Papier. Könntet ihr mir vielleicht ein paar Sachen zum Kampf aufschreiben – wer wem in welcher Runde einen Jab oder rechten Uppercut verpasste usw.? Ich danke euch vielmals. Wenn der Kampf vorbei ist, komme ich und hole mir die Notizen ab." Sie fanden das amüsant. (Leute, die ihr Fach wirklich verstehen, geizen nicht mit ihrem Wissen, sondern geben es bereitwillig weiter.)

Alle sprachen vom „Kampf des Jahres", und was mich betraf, so konnte ich das nur unterschreiben. Fünfzehn Runden lang Aufregung pur – auch im Schneideraum. Gemeinsam mit unserem Redakteur studierten wir die Notizen und pickten die Höhepunkte heraus – zum Beispiel: Hagler erwischt Duran mit einem rechten Jab in der ersten Runde; Duran trifft Hagler in Runde zwölf mit mehreren harten Rechten ins Gesicht. Der Redakteur wählte die Bilder passend aus, und meine eigenen Eindrücke setzten der Spannung noch eines drauf. So bastelten wir uns einen hochdramatischen Kampf zusammen und trafen voll ins Schwarze damit. An diesem Abend mussten wir unsere Schnittausrüstung übrigens in der Toilette des Sendegebäudes in Las Vegas aufbauen. Mein Kommentar wurde zwischen rauschenden WC-Spülun-gen aufgezeichnet. Tja, so ist sie, die Glamour-Welt der TV-Nachrichten!

Am Ende hatte „Marvelous" Marvin seinen Titel verteidigt – und meine phantastische Produktionsleiterin und ich mussten daraufhin noch zweimal über Boxkämpfe berichten.

Nach all den Jahren sind wir noch heute engste Freundinnen, und ich behaupte immer noch, so ziemlich alles, was ich über TV-Nachrichten weiß, von ihr gelernt zu haben. Ich drücke es mal so aus: Angestellt war ich bei CBS News, aber ich arbeitete für sie. Sie forderte mich heraus, motivierte mich, leitete mich – und wenn ich Fehler machte, brüllte sie mich an und sparte dabei nicht mit Flüchen. Sie warnte mich vor Versuchungen und Fallen und ethischen Tretminen. Aber sie schürte auch das Feuer, das in mir glimmte: nach der Story zu graben, die Wahrheit herauszufinden, und sich dann herumzudrehen und sie der Nation mitzuteilen – genau, gewandt, ethisch vertretbar und gut. Das brachte sie mir bei, und nach diesen Prinzipien versuche ich, noch heute zu arbeiten. Ich bin absolut sicher: Hätte ich nicht die Demut besessen, sie immer und immer wieder um Hilfe zu bitten – und hätte ich nicht *zugehört*, als sie mir diese zuteil werden ließ –, ich hätte meine ersten Jahre im Nachrichtengeschäft nicht überlebt, wäre frühzeitig ausgestiegen. Noch heute, wenn ich Zweifel oder Bedenken habe – was öfters vorkommt –, rufe ich sie an und suche ihren Rat. Sie zählt zu meinen engsten Freundinnen, und ich bin enorm stolz auf sie, dass sie bis zum heutigen Tag clean geblieben ist.

Die Lektion

Gott stellt uns Mentoren zur Seite. Sie sehen vielleicht nicht aus wie wir, klingen nicht wie wir und entsprechen nicht unseren Erwartungen. Aber sie wissen mehr, als wir wissen – und nur darum geht es. Nutzen Sie ihren Rat. Wenn Sie diese Person nicht zu Beginn Ihrer Karriere finden, halten Sie die Augen offen – bestimmt läuft sie Ihnen irgendwann über den Weg. Von Mentoren lernen Sie wichtige Lektionen – wie die nächste.

4

Ihr Verhalten
hat Konsequenzen

Autsch! Willkommen in der Welt der Erwachsenen. Weder Ihre Eltern noch Ihre Freunde, weder Gesellschaft noch Geschäftsleben – nichts und niemand außer Sie selbst ist verantwortlich für das, was Sie tun. Sie sind kein Opfer. Sie erschaffen sich und Ihr Leben selbst. Und für die Besinnung auf ethische Prinzipien ist es nie zu spät.

Sie müssen zu Ihren Überzeugungen stehen. Wissen, wer Sie wirklich sind – mit allen Stärken und Schwächen. Was Sie für den Erfolg zu tun bereit sind und was nicht. Womit Sie leben können und womit nicht. Glauben Sie mir, die Herausforderung ist gewaltig. Ihr Job stellt Sie jeden Tag erneut auf die Probe – und schärft dadurch Ihr Bewusstsein für ethische Grundsätze.

Tatsache ist, dass das Leben nach beendetem Studium komplett anders ist. Die Realität, der Alltag, die Welt, wie sie wirklich ist, hat Sie fest am Kragen, und man erwartet von Ihnen, dass Sie sich entsprechend verhalten. Aber Sie sind kein Korken, der auf einer Woge im wilden, bösen Meer dahintreibt, unkontrollierbaren Mächten hilflos ausgeliefert – auch wenn es Ihnen manchmal so vorkommt. Die ethischen Maßstäbe anderer Menschen müssen nicht Ihre sein. Sie und nur Sie allein tragen die Verantwortung für Ihr Verhalten. Sicher sollten Sie die Regeln, die in Ihrem speziellen Betätigungsfeld gelten, beherzigen. Doch wenn Sie darüber vergessen, was *Sie* für den

Unterschied zwischen Richtig und Falsch halten, zahlen Sie einen horrend hohen Preis. Und damit meine ich nicht nur schlaflose Nächte.

Ich denke, ich liege richtig mit der Behauptung, dass wer einen tollen Job hat, nicht verlegen ist um Neider, die ihm diesen gern abspenstig machen würden. Was tun Sie, um Ihren tollen Job zu behalten? Wie weit würden Sie gehen? Diese Fragen stellte ich mir, kurz nachdem ich bei CBS News angefangen hatte.

Im Sender gab es damals eine bekannte Moderatorin, die zufällig auch eine Freundin von mir war. Die CBS-Bosse hatten sie, wie üblich, mit großem Tamtam eingestellt, aber, wie sich zeigte, brachte sie nicht die erhoffte Quote. Zumal das Morgennachrichtengeschäft dafür berüchtigt war, haufenweise Leute zu verschleißen, überraschte es niemanden, dass der Sender sie loswerden wollte. Das sagte man ihr aber nicht offen ins Gesicht – Gott behüte! Plötzlich gab man mir Storys, die eigentlich ihr gehörten. Ich wusste, der Plan war, sie zu verunsichern. Sie ließen mich, direkt neben ihr sitzend, Live-Kommentare abgeben – alles, damit sie sich unter Druck und bedroht fühlte. Wohlgemerkt: Das waren Erwachsene mit hohen Posten, die hofften, diese Frau würde sich einfach geschlagen geben und von sich aus das Feld räumen. Und mich hatten sie offenbar als Nachfolge vorgesehen, die schon in den Startlöchern wartete. Inzwischen weiß ich, dass solche unfairen Manöver zum Standardvorgehen vieler Führungskräfte von Fersehsendern gehören. Sie denken sich „schnelle" Lösungen aus und gehen danach zur Tagesordnung über.

Aber damals war ich noch so neu im Geschäft, dass ich mir die Sache sehr zu Herzen nahm. Ich ging zu einem der Bosse hin und sagte: „Wissen Sie, das ist nicht meine Art. Ich möchte den Job, aber nicht auf diese Tour.“

Nun, ich bin nicht Mutter Teresa. Ich gebe zu, ich genoss es, häufig vor der Kamera zu stehen, mehr Beachtung zu finden. Und es wäre leicht gewesen, (pseudo-)rationell zu argumentieren: Diese Leute hatten ihre hohen Posten beim Fernsehen, weil sie älter und klüger waren als ich, und so liefe das Business nun mal. Aber so geht es nicht: Ich kann nicht die Bosse oder das Business verantwortlich machen, wenn *ich* es bin, die eine moralische Grenze übertritt. Wenn mein Bauch mir sagt, etwas ist falsch, dann ist das ein Signal für mich, *es nicht zu tun*. Ich kann nicht wissen, dass etwas falsch ist, und es trotzdem *tun*, und dann anderen die Schuld geben, um selbst mit blütenreiner Weste dazustehen. *Ich* bin diejenige, die für mein Verhalten verantwortlich ist.

Fazit: Ich weigerte mich, meine Freundin von ihrem Stuhl zu verdrängen. Sie ging trotzdem, und ich konnte ihr weiterhin in die Augen sehen, ohne das Gefühl zu haben, mich ihr gegenüber unfair verhalten zu haben. Und die Leute, die diese schmutzige Tour von mir erwartet hatten? Nun, die sind ihre hohen Posten inzwischen los.

Hier eine weitere Begebenheit, die verdeutlicht, was ich meine. Jahre später schickte mich ein Produzent los, damit ich mich um die Fortsetzung einer Geschichte kümmerte, die wir zusammen bearbeitet hatten. Nachdem ich vier Wochen lang alles vorbereitet hatte, rief ich bei den Personen an, um deren

Geschichte es sich handelte, um den Termin und die Einzelheiten des Drehes zu bestätigen. Sie erklärten mir ohne viel Umschweife, der Produzent hätte sich die Rechte an ihrer Story gesichert, in der Hoffnung, sie als Fernsehfilm verkaufen zu können. Wupps! Mir wurde auf Anhieb klar, dass er mich und die Sendung missbrauchte, um sein Projekt voranzutreiben und die Werbetrommel dafür zu rühren. In der Tat ist es uns *verboten*, Nachrichten-Beiträge um des persönlichen Profites willen zu realisieren – und sein Bauch muss dem Produzenten auch gesagt haben, dass die Sache zum Himmel stank, sonst hätte er kein Geheimnis daraus gemacht. Ich war verwirrt und gekränkt. Und sehr wütend, denn zumal ich meine Energie und meinen Namen für die Geschichte hergegeben hatte, würden die Leute automatisch glauben, ich hätte von dem Arrangement gewusst und es geduldet. Auf der Stelle erklärte ich meinen Rückzug aus dem Projekt. Die Schadensbilanz: Eine gute Story war gestorben, ein Arbeitsverhältnis war zerrüttet worden, der Ruf des Produzenten hatte einen empfindlichen Kratzer erlitten – und wie in vielen Branchen zählt auch im Nachrichtengeschäft der gute Ruf.

Wir alle entwickeln höchstpersönliche ethische Maßstäbe, definieren, wo sich unser schmaler Grat befindet, den wir uns weigern zu überschreiten. Und mein Bauch sagt mir, es geht um mehr als nur um Richtig und Falsch. Vermutlich liegt es an meiner irischen Herkunft, aber ich bin abergläubisch und denke, was man anderen Böses antut, widerfährt einem am Ende selbst – und kostet einen vielleicht Kopf und Kragen. Deshalb sollte man sich vorsehen.

Je härter die Konkurrenz im Nachrichtengeschäft wird, desto mehr wächst der Druck, steigert sich ins Extrem. Mehr Sendungen, mehr Produzenten, mehr Leute wie ich, auf der Jagd nach dem großen „Fisch", dem Top-Interviewthema des Tages. Die Spirale schraubt sich immer höher. Schon wird die Versuchung, den Gegner vom Sockel zu stürzen, um sich selbst voranzubringen, beinahe unerträglich. Ich spreche davon, die Konkurrenz schlecht zu machen, damit sich der Top-Kandidat mit mir und nicht mit ihr unterhält: „Ach nein, *ihre* Sendung hat nicht das richtige Niveau für Sie. Das ist eine Imagefrage, wissen Sie. Mein Publikum ist viel größer! Sie hat jedoch bestimmt nichts dagegen, sich *nach* dem Gespräch mit mir mit Ihnen zu unterhalten." Ob Sie es glauben oder nicht, aber so geht es manchmal zu im Gerangel der hochdotierten, hochprofilierten Korrespondenten um die Top-Interviews.

Ich möchte nicht wie eine Heilige klingen. Um ehrlich zu sein, kamen auch aus meinem Mund solche Sätze: „Wenn Sie nicht zuerst in meine Sendung kommen, vergessen Sie`s. Das kann ich nicht machen." In dieser Weise habe ich häufiger manipuliert, als ich es heute zugeben möchte. Erst als eine bekannte Kollegin mir erzählte, sie habe gehört, was eine andere berühmte Journalistin über *sie* gesagt hatte, fing ich an, aufzupassen, was genau ich sagte, wenn ich den Köder auswarf. Ich möchte nicht jemand sein, der gewinnt, indem er die Konkurrenz herabsetzt und niedermacht.

Wie kriegen Sie Ihren Bauch dazu, mit Ihnen zu sprechen, Ihr ethisches Gewissen auf den Plan zu rufen? Sie wissen bereits wie. Die ethischen und spirituellen Lektionen, die Ihnen Ihre Eltern, Ihre Lehrer, Ihr Glaube mitgaben, haben Sie irgendwo verinnerlicht. Sie reden mit Ihnen, lenken Sie durchs Leben – das Problem ist, dass Sie sie nicht immer hören. Gerade wenn der Druck Sie zu erdrücken droht, müssen Sie sich die Zeit nehmen, zu verharren und Zwiesprache mit sich zu halten, um Ihre ethischen Grundsätze wieder freizuschaufeln und ihnen Gehör zu verschaffen.

Dieser Prozess hört niemals auf, was auch der Grund ist, weshalb wir Mentoren brauchen. Sie bringen uns nicht nur bei, unseren Job richtig zu machen – sie lehren uns auch die speziellen ethischen Grundsätze, die unseren Berufsstand kennzeichnen. Als ich bei CBS anfing, ließen sie mich das *CBS News Standards and Practices Manual* wieder und wieder studieren. Und meine verrückte Produktionsleiterin tat noch mehr: Sie bläute sie mir mit dem Holzhammer ein, damit ich auch ja die Do`s and Don`ts der journalistischen Praxis beherrschte.

„Dichte einer Geschichte nichts hinzu. Wir dokumentieren nur, was tatsächlich geschieht. Wir inszenieren nichts."

„Erzähle niemandem, dein Beitrag handelt von diesem oder jenem, wenn er im Grunde von etwas anderem handelt."

„Erlaube nicht, dass dir eine Person aus deiner Geschichte etwas kauft oder schenkt."

„Tue dies nicht ... tue das nicht." Das war mein Fundament.

Versuchen Sie, in Ihrem Berufsleben Personen zu finden, deren Karrieren oder ethische Entscheidungen Sie bewundern. Wenn Sie dann aufgefordert werden, etwas zu tun, das nicht ganz koscher ist, Ihnen ein leichtes Grummeln im Bauch verursacht – *fragen* Sie sie. Diese Personen dienen als eine zusätzliche ethische und spirituelle Orientierung, die Sie brauchen, um Ihren Erfolgsweg fortzusetzen.

Manchmal melden sich Ihre Lehrer plötzlich und ungebeten zu Wort. Nachdem ich eine Weile für CBS gearbeitet hatte, machte ich einige Beiträge für ein anderes Nachrichtenmagazin, das es inzwischen ebenfalls nicht mehr gibt. An diesem Tag besuchten wir einen alten Trailer-Park in Orange County. Die Wohnwagensiedlung befand sich dort seit jenen lang zurückliegenden Tagen, als die Gegend tatsächlich noch überwiegend aus Orangenhainen bestand. Aber jetzt hatten sich Bauträger das Land unter den Nagel gerissen und wollten die Trailer samt ihrer Bewohner loswerden. Bei einer abendlichen Zusammenkunft verkündete einer der Organisatoren: „Heute haben wir einen besonderen Gast bei uns – Maria Shriver von CBS News." Die Leute klatschten und jubelten, was ich als Zeichen ansah, nach vorn zu gehen und ein paar Worte zu sagen. Nun, ich echauffierte mich, steigerte mich in eine flammende Rede hinein, die aus der Up-With-The-People-Kampagne der Demokratischen Partei hätte stammen können. Ich sagte ihnen, wie froh ich sei, ihre Seite der Geschichte an die Öffentlichkeit bringen zu können, dass sie vom Big Business untergebuttert würden und stellvertretend für die vielen „kleinen Leute" stünden, die es verdienten, gehört zu werden. Daraufhin schossen sie von ihren Sitzen hoch und klatschten tosend Beifall. Von meinem Triumph benommen und rot im

Gesicht, ging ich zu meinem Team ans Ende des Raums zurück.

Worauf mich der Kameramann – ein Urgestein der Nachrichtenszene und einer der originalen „elektronischen" Kameramänner in USA – nach draußen zog. „Mach` das *nie* mehr, hörst du. Du bist Journalistin, keine Politikerin. Deine Aufgabe ist es nicht, eine Sache – wessen auch immer – zu unterstützen. Du bist hier, um beide Parteien anzuhören – die Leute und die Baufritzen –, die Geschichte aufrichtig und fair an die Öffentlichkeit weiterzugeben und wieder abzuhauen. Mehr nicht. Sie haben nicht geklatscht, weil du eine so tolle Reporterin, sondern weil du prominent bist. Dein Verhalten war höchst unprofessionell. Mach` das nicht wieder." Ich wusste, wäre ihm nicht an mir gelegen gewesen, hätte er meinen Fehltritt auf Video aufzeichnen und bestimmten Leuten zeigen können, worauf mir vermutlich gekündigt worden wäre. Doch das tat er nicht – und ich hatte wieder eine Lektion von einem wohlgesonnenen Lehrer gelernt.

Die Lektionen, die meine Eltern mir mit auf den Lebensweg gaben, sind wahrscheinlich die, auf die ich mich stets am meisten verlassen habe. Hätte ich geahnt, wie sehr ich sie in meinem Beruf brauchen würde, hätte ich vermutlich noch besser zugehört. Mein Vater ist ein allseits respektierter Mann – wegen seiner Intelligenz, seinem Humor, seiner Würde und seinem Format. Er brachte mir bei, es sei es nicht wert, einem anderen in den Rücken zu fallen, um selbst voranzukommen. Er sagte, Talent und Köpfchen würden am Ende immer siegen, und wenn man gut sei, bekäme man auch einen entsprechenden Job.

Wir dürften niemals zulassen, dass ein aufgeblasenes Ego sich in unsere Entscheidungen einmischt. Keine einfache Lektion, wenn Sie, wie ich, zu den Getriebenen zählen, deren Ego meist stattlich ausgebildet ist. Er riet mir, mich mit ehrlichen Leuten zu umgeben, die keine Angst hätten, mich zu warnen, wann immer mein übermächtiges Ego sich zu sehr einzuschalten droht.

Meine Mutter brachte mir Hartnäckigkeit bei, mich durchzubeißen, egal, welche Steine und Hindernisse sich mir in den Weg legten. Wie mein Vater schwört sie auf Ehrlichkeit, Verantwortungsgefühl und Integrität. Sie lehrte mich – und agierte als mein Vorbild –, dass man Fehler nie auf andere schieben, sondern zu ihnen stehen, Verantwortung für sie übernehmen und dann seinen Weg fortsetzen solle.

Meine Eltern flößten mir starke ethische Grundsätze ein. Sie lehrten mich, Respekt für Menschen zu haben, die jahrein, jahraus, jeden Tag pünktlich zur Arbeit erscheinen und zuverlässig und ohne Klage ihr Tagewerk verrichten. Menschen zu bewundern, die in zwei oder drei Jobs gleichzeitig arbeiten, um ihre Familie über Wasser zu halten. Meine Mutter pflegte zu sagen: „Du hast Glück, einen Job zu haben, und Glück, etwas zu tun, das du liebst."

Darüber hinaus prägten meine Eltern ihren Kindern ein, wie wichtig der Dienst an Gemeinde und Gesellschaft sei – etwas von dem zurückzugeben, das uns geschenkt wurde. In den 60er Jahren rief mein Vater das Peace Corps, Job Corps und Head Start, neben anderen Initiativen, ins Leben. Meine Mutter gründete die Special Olympics, um geistig Behinderten zu helfen. Alle Initiativen meiner Eltern geben

Menschen Gelegenheit zur freiwilligen Mithilfe, etwas Sinnvolles beizutragen, zu teilen, was im Überfluss vorhanden ist. Wir empfinden diese Familientradition als Bereicherung, und mein Mann und ich versuchen, sie an unsere Kinder weiterzugeben – damit sie welt-zentriert statt selbst-zentriert aufwachsen, mit großmütigen, gütigen Herzen wie ihre Großeltern.

Meine Mutter impfte mir auch diese Botschaft ein: „Baue nicht auf dein Aussehen." Jedes Mal, wenn Leute mir sagten, ich sei attraktiv, war meine Mutter sofort mit der Warnung zur Stelle, die Welt stecke voller hübscher Frauen, Attraktivität sei vergänglich, und wenn ich wirklich etwas erreichen wollte im Leben, müsste ich das mit meiner Intelligenz schaffen. Kein Zweifel, dass meine äußere Erscheinung mir geholfen hat – gerade im TV-Geschäft hilft es immer, gut auszusehen. Aber ich glaube, es ist auch ein Geschäft, in dem Sie nur überleben und Erfolg haben können, wenn Sie zäh sind, robust, unbeirrbar, klug und auf Ihren guten Ruf bedacht. Sie werden nicht überleben, wenn Sie lügen, betrügen, schummeln oder die Wahrheit stets so zurechtbiegen, wie sie Ihnen am besten passt.

Die Lektion

Ethische Prinzipien sind etwas Unverrückbares – nicht flexibel interpretierbar oder je nach Situation änderbar. Der Zweck (Traumjob) rechtfertigt nicht die Mittel (einem Kollegen übel mitspielen). Ich weiß, ich habe leicht reden, was das Einstehen für

Name _____ Vorname _____

Straße _____

PLZ _____ Ort _____

Telefon/Fax _____ E-Mail _____

Beruf _____ Alter _____

Ich habe die Karte folgendem Buch entnommen:
_____

Mit Ihrer Einsendung nehmen Sie an unserer
jährlichen Verlosung teil:
1. Preis: mvg-Bücher im Wert von DM 200,-
2. – 10. Preis: mvg-Bücher im Wert von je DM 50,-
An der Verlosung nehmen nur ausreichend
frankierte Karten teil.

Mit Rücksendung dieser Karte erkläre ich mich einverstanden, dass
ich in Ihre Informationskartei aufgenommen werde.

Antwort

Frau Kulzer

86895 Landsberg/Lech

Sehr geehrte Leserin, sehr geehrter Leser,

mit dem Kauf dieses Buches haben Sie Interesse an unserem Programm gezeigt. Um unsere Produkte auch in Zukunft noch mehr auf Ihre Bedürfnisse ausrichten zu können, möchten wir Sie besser kennen lernen.

Gerne können Sie uns die nachfolgenden Fragen auch im Internet beantworten, unter www.mvg-verlag.de.

Geschlecht: ☐ männlich   ☐ weiblich   Wieviele Personen leben in Ihrem Haushalt? ____

Welchen Schulabschluss haben Sie?   ☐ Hauptschule   ☐ Realschule   ☐ Abitur   ☐ Universität/
Fachhochschule

Ich interessiere mich besonders für:

- ○ **Kommunikation**
- ○ **Partnerschaft & Familie**
- ○ **Motivation/Positives Denken**

- ○ **Kreativitätstechniken**
- ○ **Psychologie & Lebenshilfe**
- ○ **Seminare**

Informieren Sie sich über unser Programm im Internet unter www.mvg-verlag.de oder bei Ihrer Buchhandlung.

Was wünschen Sie sich noch in unserem Programm?

_____

_____

_____

Bitte vergessen Sie nicht, Ihre Adresse auf der Vorderseite einzutragen!

ethische Prinzipien betrifft. Denn wenn ich meinen großen Mund aufreiße und dafür gefeuert werde, muss ich nicht fürchten, bald am Hungertuch zu nagen. Trotzdem glaube ich, wir heben uns alle auf eine höhere Stufe, wenn wir mit Grundsätzen aufwachsen, an die wir uns konsequent halten – und mit Leuten arbeiten, die genauso denken und sich verhalten wie wir. Wer faule Kompromisse macht mit dem, was richtig und wahr ist, riskiert seinen guten Namen. Und Ihr Ruf ist wichtiger als die Beförderung oder das Geld. Er macht Sie aus. Setzen Sie ihn nicht leichtfertig aufs Spiel.

5

Die Bereitschaft
zum Scheitern

✧✧✧

Ich bedaure, Ihnen das sagen zu müssen, aber viele von Ihnen werden, während sie ihre Leidenschaft ausleben, hin und wieder Schiffbruch erleiden. Viele werden bei der Realisierung einiger Träume und Ziele, die Sie momentan haben mögen, scheitern. Umso wichtiger ist es, zu begreifen, dass *Niederlagen ein Element des Lernprozesses* sind. Die Angst vor dem Scheitern kann paralysierend wirken. Wer nie riskiert, lächerlich oder unfähig oder bisweilen sogar dumm zu wirken, bleibt zwar auf der sicheren Seite, stagniert aber auch zwangsläufig. Indem Sie sich ängstlich vor Niederlagen zu schützen versuchen, bringen Sie sich um den Reichtum des Lebens. Denn was passiert schon, wenn Sie einen Fehler begehen? Eine Niederlage kann als Befreiungsschlag wirken. Ich habe festgestellt, dass die meisten Menschen, die große Erfolge in ihrem Leben verbuchen konnten, auch einige herbe Niederlagen einstecken mussten. Ich wünschte, das hätte mir jemand am Tag meiner Graduierung gesagt! Stattdessen tat jeder so, als könne ich in die Welt ziehen und alles schaffen, was ich mir in den Kopf setzte, jede beliebige Person sein, die ich sein wollte, ohne durch Hindernisse oder Umleitungen gebremst zu werden. Die versteckte Botschaft: Wenn du scheiterst, ist das deine Schuld, und du verdienst es nicht besser. Nun, das stimmt nicht ganz.

Sie erinnern sich: Mein ersehntes Ziel nach dem College war, einen Job als Moderatorin einer großen
Nachrichtensendung zu bekommen. Diesen Traum
verwirklichte ich acht Jahre später, als ich 1985 als
Co-Moderatorin für die *CBS Morning News* enga-
giert wurde. Jede Sekunde dieses Stadiums meiner
Karriere ist mir so lebhaft im Gedächtnis, als sei es
gestern gewesen.

Sie können sich nicht vorstellen, wie überglücklich ich über den Job war! Oder wie viel es mir bedeutete, die gleiche Anerkennung und das gleiche
Gehalt zu bekommen wie mein Co-Moderator Forrest Sawyer. Meiner Ansicht nach steuerte ich voll
auf Erfolgskurs – jetzt würde mich nichts mehr auf-
halten können. Endlich war ich drin im elitären Club
der Frauen, die ein landesweit ausgestrahltes Mor-
genmagazin moderierten – und fand es himmlisch.

So weit steckte mein Kopf in den Wolken, dass
ich nichts von den rüden, heimtückischen Manövern
der TV-Bosse unten auf der Erde mitbekam. Nun: ich
war keine komplette Idiotin. Mir war klar: Als Forrest und ich die *CBS Morning News* übernahmen,
rangierte sie auf dem dritten Platz hinter *Good Morning America* und der *Today Show*. Mir war bewusst, dass wir Greenhorns in die Fußstapfen weit
größerer Namen traten, die es auch nicht geschafft
hatten, das Magazin auf Platz eins der Quotenskala
zu heben. Aber ich dachte, man würde uns eine faire
Chance geben, offen und ehrlich mit uns sein. Offenbar war ich doch noch sehr naiv.

Ich versuchte, den Kritiken nicht zu viel Aufmerksamkeit zu schenken. Eine Lüge, denn wie

konnte ich ihnen *keine* Aufmerksamkeit schenken, wenn ich *das* in der *Washington Post* las:

Forrest Sawyer zur Seite gestellt ... sind Maria Shriver´s Haare. Shriver sieht nicht aus, als interessierten sie die Antworten auf viele Fragen – außer: „Wo ist meine Haarbürste?" und „Wann wird Arnold heute zu Hause sein?" Die Wangen eingezogen, die Züge blutleer, sieht sie ein wenig aus wie eine dieser Cartoon-Figuren, der man eine Dosis Alaun untergejubelt hat.

Ach so ist das! Wir wollen persönlich werden! Die Haare kritisieren. Das sind die Waffen, gegen die ich kämpfe. Zugegeben, diese Zeilen waren niederträchtig und verletzend, aber ich versuchte, darüber zu stehen – so ähnlich, wie wenn man den Kopf krampfhaft über Wasser hält, während man in einem winzigen Kanu gegen eine reißende Stromschnelle ankämpft. Ich dachte einfach, wenn man sich auf diese Art Gewässer einließe, müsse man eben auf ein Abenteuer gefasst sein.

Und ein Abenteuer wurde es tatsächlich. In dem einen Jahr, in dem ich das Magazin moderierte, hatten wir drei verschiedene Chefproduzenten – zwei Männer, eine Frau –, die sich mit drei verschiedenen Strategien, drei verschiedenen Konzepten zur Rettung des Magazins und drei verschiedenen Ansätzen, wie man uns Moderatoren attraktiver für das Publikum machen könnte, zu profilieren versuchten. Generell fanden sie, Forrest sei zu steif und hölzern, er müsse lockerer werden. Was mich betraf, schwebte ihnen eine Generalüberholung vor. Ansetzen wollten sie – wo sonst? – bei meinen Haaren, die es immerhin in die *Washington Post* geschafft hatten.

„Ihre Haare. Zu lang. Lassen Sie sie schneiden. Sie lenken viel zu sehr ab."

„Ihre Haare. Zu dunkel. Hellen Sie sie auf. Blond passt besser zum Frühstück."

„Ihre Haare sind zu präsent. Ihre Augen, Ihre Stimme – Sie sind einfach zu *viel* am frühen Morgen."

„Lachen Sie nicht vor der Kamera. Das ist unprofessionell."

„Keine leuchtenden Farben mehr. Frauen empfinden Sie als Bedrohung."

Wie Sie sich vorstellen können, fühlte ich mich eine Spur verunsichert, wo so vieles an mir der Verbesserung bedurfte. Aber die Chefproduzenten kannten sich aus mit Datenanalyse, Zuschauerprofilen, Recherche und Zielgruppen, und so sagte ich mir, sie wüssten wohl, wovon sie redeten. Und irgendwie gelang es uns über den Jahresverlauf, trotz aller Turbulenzen im Management, Zuschauerzahlen zu erreichen, die seither nie mehr erreicht wurden. Ich war stolz auf unsere Arbeit und ich lernte, entwickelte mich weiter, entfaltete mein Potenzial.

Wir hatten ein knappes Jahr auf dem Schleudersitz verbracht, als alle nationalen Sender Delegationen ihrer Morgenmagazine nach London schickten, um von der Vermählung Prinz Andrews mit Sarah Ferguson zu berichten. Das war im Sommer 1986, und ich erinnere mich sehr genau – nicht nur wegen der vielen Stunden fabelhafter Liveberichte, nicht nur, weil wir hochkarätige Gäste hatten und unsere Sendungen lebendig, spritzig und interessant waren. Ich erinnere mich wegen dem, was danach geschah.

Unser Team hatte sich in unserem Londoner Sende-
gebäude versammelt. Wir gratulierten uns gegenseitig und spekulierten, wie lange die Ehe der Royals
wohl halten würde. Was wir nicht wussten war, dass
sie *uns* überdauern würde.

Der Chef des Senders war ebenfalls gekommen
und hatte uns in der bewährten Tradition von Sen-
derchefs in der ganzen Welt zu unserer Arbeit be-
glückwünscht, unser wunderbares Team gelobt und
sich wieder verabschiedet. Später am selben Tag er-
hielten wir die Mitteilung – per Fax! –, dass die *Morning News* gestrichen seien. Nicht nur Forrest und
ich waren raus, die ganze gottverdammte Sendung
war gestorben! Bums. Einfach so, tot. Wie jemand,
den ich kenne, einst sagte: „Hasta la vista, Baby."

Merke: Leute werden Sie anlügen. Sie werden
Ihnen sogar direkt ins Gesicht lügen – für mich damals ein wahnsinnig schockierendes Erlebnis. Nennen Sie mich naiv – oder besser noch: eine Idiotin –,
denn ich hätte schon Monate früher Lunte riechen
müssen, als diese Meldung in der Zeitung stand:

*Wie aus zuverlässigen Quellen des Senders ver-
lautete, wird Maria Shriver, frisch vermählte Co-
Moderatorin der CBS Morning News, die Sendung in
wenigen Monaten „aus persönlichen Gründen" verlassen. Sie freut sich, dem zermürbenden, stressigen
Arbeitsleben bei CBS zu entkommen und zurück an
die Westküste zu ziehen, um sich ganz und gar
ihrem Ehemann zu widmen. Insider berichteten, die
Produktionsleitung von CBS News habe keinen Versuch unternommen, sie von ihrem Entschluss abzu-
bringen.*

Wie bitte? Ich war wie vor den Kopf geschlagen. Nie hatte ich eine solche Unterhaltung geführt, nie so etwas gesagt, ja nicht einmal gedacht. Wo hatten sie bloß dieses Märchen aufgegabelt? So ein Nonsens! Ich sprach meine Vorgesetzten darauf an, und sie taten – und „taten" ist das richtige Wort – bestürzt. Auch sie hätten keine Ahnung, wie die Zeitung auf die Geschichte kam. Na also, sagte ich mir, es kann nicht wahr sein, also nimm nicht weiter Notiz davon. Von wegen! Ich war zu naiv, zu wissen, dass das, was da an die Presse „durchgesickert" war, in Wahrheit einen Warnschuss der CBS-Bosse verkörperte, von denen einer kurz darauf wie folgt zitiert wurde:

„Wir sind sehr zufrieden und optimistisch, was die *Morning News* mit Maria Shriver und Forrest Sawyer betrifft. Ich sehe keinen Grund, irgendwelche Änderungen an dem Format vorzunehmen."

„Siehst du?", beruhigte ich mich. „Kein Grund zur Sorge."

Nun, wenige Monate später war er einer der Verantwortlichen, die uns rauswarfen. Ich war stocksauer, verzweifelt, erniedrigt. Ich hatte noch nie eine richtige Niederlage einstecken müssen. Sicher hatte es Rückschläge gegeben – Sie erinnern sich, als ich als Tontechnikerin auf die Nase fiel? Aber dieses Mal fiel ich mit Pauken und Trompeten durch – vor den Augen der Öffentlichkeit. Alle Zeitungen schrieben über das Ereignis. Klar hatte ich in meiner Familie gelernt, dass Politiker Wahlen verloren und sich im Nu von der Schlappe erholten, aber die Absetzung einer Nachrichtensendung hatte etwas sehr *Endgültiges*. Ich war so gedemütigt. Mein Ego hatte einen deftigen Schlag erlitten. Wie konnte *mir* so etwas passieren? Wo immer ich hinging, kam es mir vor, als wichen die Leute meinem Blick aus. Als sei ich gebrandmarkt von etwas Schrecklichem: Man hatte mich gefeuert! Ich wurde behandelt, als litte ich unter einer ansteckenden Krankheit. Verdammt, man hatte *Mitleid* mit mir! Was sollte ich nur tun? Meinen Traumjob war ich los. Ich war sicher, dass meine Karriere, wenn nicht gar mein ganzes Leben, vorbei war.

Rückblickend weiß ich, das klingt sehr dramatisch, aber genau das fühlte ich damals. Ich glaubte, beruflich erledigt zu sein, und war ziemlich sicher, dass alle anderen auch so dachten. Aber ich stellte bald fest, dass ich Unrecht hatte. Ich hörte von anderen, die ähnlich gescheitert waren. Sie verrieten mir ihre Geschichte. Walter Cronkite erzählte mir, als er von den *CBS Evening News* „gegangen wurde", habe er geglaubt, seine Karriere sei am Ende, was sich nachträglich kaum jemand mehr vorstellen kann. Barbara Walters weihte mich ein, wie sie sich fühlte, als sie als Co-Moderatorin der *ABC World News Tonight* vor den Trümmern stand – was sie frei machte für die kometenhafte Karriere, die ihr danach gelang. So viele erfolgreiche Menschen erzählten mir, aus Niederlagen emotional gewachsen und spirituell gestärkt hervorgegangen zu sein. Das passiert nicht über Nacht, aber es passiert.

Mich machte mein Rauswurf furchtlos, was meine Karriere betraf. Er gab mir die Gelassenheit, meinem Instinkt zu folgen, mehr ich selbst zu sein in meinem Job. In der Tat denke ich sogar, einige meiner besten Sendungen abgeliefert zu haben, nachdem die Streichung der *Morning News* beschlossene Sache war.

CBS News hatte die Sendung mit Sendetermin und allem Drum und Dran an das Unterhaltungsressort abgegeben. Uns blieb nur noch ein Monat. In diesem Monat kümmerte mich nicht im Geringsten, was die großen Bosse von meiner Arbeit hielten. Ich hatte jeden Respekt für sie und ihre Art, Geschäfte zu machen, verloren; was sie dachten, war mir vollkommen egal. Endlich konnte ich vor der Kamera ich selbst sein, und dieses Gefühl genoss ich ungemein! Wenn Forrest und ich uns beide für ein Interviewthema interessierten, führten wir das Interview gemeinsam. Damit verstießen wir gegen eine eiserne Regel, aber uns war es schnuppe. Lief ein Interview sehr gut, gingen wir ohne Zögern in die Überziehung. Wir waren beide viel natürlicher, improvisierten mehr. Wir hörten von vielen Leuten, die – genauso wenig wie wir – verstehen konnten, wieso die Sendung gestrichen worden war.

Der letzte Tag der *Morning News* war eine sehr emotionale Angelegenheit für uns alle, die wir gemeinsam an der Nachrichtenfront gekämpft hatten. Forrest schenkte mir ein Armband, in das „Für meine Kampfgenossin" eingraviert war. Das Management hatte mir andere Jobs bei CBS angeboten, aber ich wollte raus. Ich verließ das CBS Broadcast Center in der 57th Street und kehrte nie wieder dorthin zurück.

Ich flog nach Los Angeles zurück mit dem Bewusstsein meiner Niederlage, demoralisiert und deprimiert, in Selbstmitleid badend. Aber wie ich sagte: Ich lernte, wie wichtig es ist, an Niederlagen zu wachsen. Nutzen Sie diese Erfahrung. Definieren Sie sich nicht über sie, und erlauben Sie ihr nicht, Sie zu zerstören. Vor allen Dingen: Lassen Sie sich durch sie nicht bremsen. Stehen Sie vom Boden auf, klopfen Sie den Staub von Ihrem Ego ab, und dann tun Sie, wovor Sie am meisten Angst haben: auf ein Pferd steigen und losreiten!

Einen Monat später nahm ich einen Job bei NBC News an – mit 70 Prozent weniger Gehalt. Ich war wieder Reporterin. Fing gewissermaßen wieder von vorn an – diesmal ohne die sichere Obhut meiner Produktionsleiterin/Mentorin. Ich war entschlossen, mich wieder hochzuarbeiten, was Position und Bezahlung betraf – und das tat ich. Auch wenn ich womöglich nie mehr von der Bekanntheit, der Visibilität und den vielen Stunden Sendezeit profitieren würde, die mir die *Morning News* gewährten, gelang es mir zumindest, finanziell an diese Zeit anzuknüpfen – und meine Selbstachtung zurückzugewinnen.

Das Beste ist jedoch, dass ich heute ein anderer Mensch bin, weil ich diese Niederlage erlebt habe. Ich habe gelernt, mit Enttäuschung und Zurückweisung fertig zu werden. Habe gelernt, aufzustehen und mich mit erhobenem Kopf, die Schultern gerade, neu ins Gefecht zu stürzen. Und wenn mir heute jemand vorschlägt, ich solle meine Haare oder meine Stimme ändern – oder schlimmer noch, meine Ethik für eine Story kompromittieren –, sage ich aus einer Position innerer Stärke und Festigkeit heraus: *nein*. Denn was können sie mir schon antun? Mich feuern oder meine Sendung streichen? Na und? Alles schon erlebt! Und wissen Sie was, nicht nur ich habe es erlebt, sondern außer mir viele andere, die auch nicht auf den Kopf gefallen sind.

Interviewpartner frage ich heute oft, was sie für ihren größten Erfolg und ihre größte Niederlage im Leben halten. Die Niederlagen, von denen sie erzählen, geben viel mehr von ihrem Charakter preis als ihre Erfolge. Oft gestehen diese Leute, ihr größtes Debakel sei gewesen, zugelassen zu haben, dass ihr Privatleben auf dem Weg an die Spitze vernachlässigt wurde oder gar zerbrach. Ihre Aufrichtigkeit und Offenheit hilft mir, an meinen Prioritäten festzuhalten – dem, was ich wirklich will im Leben.

Die Lektion

Vor meiner Niederlage war meine Arbeit der Dreh- und Angelpunkt meines Lebens – in sie legte ich all meine Intelligenz, meine Leidenschaft, mein Engagement. Diesen Fehler werde ich nie wieder begehen. Zu erleben, wie plötzlich ich meinen Job verlieren, wie schnell ich ersetzt werden konnte und wie leicht alles ohne mich weiterlief, führte mich zu dem Entschluss, mich nicht länger über meine Karriere zu definieren. Heute ist meine Arbeit ein wichtiger und befriedigender Teil meines Lebens, aber sie ist nicht ich. *Und ich bin heute eine andere als vor meiner Niederlage, die ich um nichts in der Welt missen möchte. Was nicht heißt, dass sie nicht schmerzlich gewesen wäre. Und zum Teufel mit dem, was die* Washington Post *über meine Haare schrieb!*

6

Superwoman
ist tot ...
und Superman
nimmt womöglich
Viagra

✧✧✧

Selbstverständlich nicht alle. Mein Mann legt Wert darauf, dass ich Ihnen versichere, er sei zwar ein Supermann, aber im Umkreis von 100 Kilometern um unser Haus weit und breit kein Viagra zu finden. Aber wenn ich behaupte, dass Superwoman tot ist, meine ich das sehr ernst. Ich will damit sagen: Sie *können* nicht alles schaffen. Und wichtiger noch: *Sie* müssen *nicht alles schaffen.*

Sie können *unmöglich* eine spannende, steile, sensationelle Karriere aus dem Ärmel schütteln und gleichzeitig den Orden als Mutter des Jahres kassieren, eine wundervolle Ehefrau und virtuose Geliebte sein. Niemand kann das. Wenn Sie auf den Titelblättern der Magazine erfolgreiche, glamouröse Frauen sehen, die behaupten, alles zu können, glauben Sie mir: Sie erfahren nur einen Teil der Wahrheit.

Wir Frauen quälen uns nun schon seit über 20 Jahren mit dem Superwoman-Mythos herum, und gebracht hat es uns, wie ich überzeugt bin, gar nichts – im Gegenteil: Es hat uns eher geschadet. Als ich mit dem College fertig war, suggerierte die gängige Propaganda, keine Vision sei unerreichbar, auf jeden warte irgendwo eine goldene Gelegenheit – man müsse nur im richtigen Moment zupacken. Ich war absolut sicher, wenn ich mich genügend ins Zeug legte, könnte ich Barbara Walters im Job (in meinen Träumen!) sein *und* „Traummutter" zu Hause (immer da, immer geduldig, immer sanftmütig, mit einem heiteren Lied auf den Lippen die Betten machend), *und* mich rund um die Uhr wie ein Mannequin kleiden (keine Jogging-Anzüge) *und* in der Nacht mit meinem Mann die Matratze zum Beben bringen. Und glauben Sie mir, hätte es Martha Stewart damals gegeben, hätte ich obendrein Meisterleistungen in der Küche von mir erwartet.

Aber wie meine Mutter mir stets eintrichterte: *das Leben ist ein Marathon* – eine Ausdauerdisziplin, in der sich durchsetzt, wer den längsten Atem hat. Ich erinnere mich noch, als ich mich einmal bei ihr aufregte, weil ich meiner Ansicht nach in einem bestimmten Bereich nicht gut genug war. Meine Mutter meinte: „Maria, du kannst all die Dinge haben und sein, die du dir wünschst. Aber nimm dir dein ganzes Leben lang Zeit dazu. Du darfst nicht alles auf einmal schaffen wollen, weil das unmöglich ist. Wenn du das versuchst, leiden alle um dich herum – am allermeisten du selbst." Es dauerte sehr lange, bis ich diese Weisheit zu verinnerlichen begann.

Jetzt sagen Sie vielleicht: „Wovon um Himmels willen spricht Maria überhaupt? Sie *hat* doch alles und *schafft* alles." Das stimmt nicht. Ich schaffe nicht alles. Meine berufliche Liga ist nicht die einer Barbara Walters oder Diane Sawyer oder Oprah Winfrey. Kameraden meiner Kinder haben Mütter, die June Cleaver *und* Martha Stewart alt aussehen lassen – von mir ganz zu schweigen. Meine Kinder erzählen mir von Müttern ihrer Freunde, die die Halloween-Kostüme der Kleinen selbst nähen. Solche Frauen erfüllen mich mit Ehrfurcht. Ich kann nicht einmal einen Faden einfädeln. Andere Mütter zaubern allabendlich ein Gourmet-Dinner auf den Tisch. Meine

Spezialität ist Popcorn aus der Mikrowelle. Ich beherrsche weder die neuen Mathematikaufgaben vor meinen Kindern, noch bin ich sehr aktiv im Elternbeirat. Und wenn Sie meinen Mann fragen, bekommt der zu Hause von nichts auch nur annähernd genug!

Es gibt so viele Gebiete, in denen ich unmöglich Anspruch auf Kompetenz und erst recht nicht auf Perfektion erheben kann. Aber ich habe gelernt, ein paar Dinge in meinem Leben richtig gut zu können und bei dem großen Rest um Hilfe zu bitten. Die wichtigste Aufgabe ist allerdings, mit sich selbst nicht zu hart ins Gericht zu gehen. Wenn ich mir bei allem, was ich erreiche, einrede, es sei nicht gut genug, kann ich nicht gewinnen. Ich muss aufhören, die Dinge so hinzudeichseln, dass ich mich unzulänglich fühle.

Der erste Schritt: aufhören, sich mit anderen zu vergleichen. Der Vergleich meiner *inneren* Befindlichkeit (miserabel) mit dem Eindruck, den eine andere Person *von außen* macht (blendend), kann nicht funktionieren, weil er ungleiche Parameter zu Grunde legt. Logisch, dass wir automatisch den Kürzeren ziehen. Besonders Frauen wissen, wovon ich rede: Wir vergleichen uns oft mit anderen, *damit* wir uns minderwertig fühlen können.

Hier Marias Rezept: „Wie ich mich miserabel in meiner Haut fühle". Ich nehme als Vergleichsobjekt eine Person mit glanzvoller Karriere, ignoriere etwaige Probleme, die sie hat, Opfer, die sie bringen musste. Dann lasse ich meine eigenen Pluspunkte – Begabungen, Talente, Fähigkeiten, die Gott mir schenkte – tunlichst links liegen. Schließlich schraube ich meine Erwartungen an mich in schwindelerregende Höhen, die ich nie, nie und nimmer erreichen kann. Und siehe da: Schon fühle ich mich wie Dreck. Dieses Rezept eignet sich sehr gut zur Förderung depressiver Stimmungen. Im Ernst: Vergleiche mit anderen dienen selten der Selbstbestärkung. Die Folge sind vielmehr Hoffnungslosigkeit und Minderwertigkeitsgefühle. Diese Neigung zu überwinden – daran musste ich sehr hart arbeiten.

Lassen Sie mich die Demut erneut aufgreifen, obwohl ich schon viel dazu gesagt habe. *Demut bedeutet Selbstakzeptanz*. Sich selbst annehmen, wie Sie sind, mit allen Stärken und Schwächen, guten und schlechten Eigenschaften, genau so, wie Sie sich heute erleben. Es bedeutet, einen Schritt zurückzutreten und mit etwas Abstand das Gesamtbild – Ihre Person mit all ihren Facetten – zu betrachten: wo Sie heute stehen, was Sie erreicht haben, was Sie noch erreichen wollen usw. Demut bedeutet weder, sich schlecht zu machen, noch eine Glorifizierung der Mittelmäßigkeit. Ihr Bild ist nicht in Stein gehauen. Es unterliegt einem stetigen Wandel. Das ist Selbstakzeptanz.

Die Botschaft meines Vaters war immer: „Du bist du und du bist einzigartig." Und weiter: „Jeder, der die Chance hat, mit dir seine Zeit zu verbringen, mit dir zu arbeiten oder sein Leben mit dir zu teilen, ist ein gottverdammter Glückspilz." Diese Botschaft versuche ich stets im Hinterkopf zu behalten, während ich mein Leben lebe. Achten Sie darauf, sich häufig daran zu erinnern, dass Sie ein wertvolles menschliches Wesen sind, denn Leute werden Ihren Lebensweg kreuzen, die alles daransetzen, Ihnen eins auf den Deckel zu geben (speziell wenn Sie eine Frau sind, besorgen Sie das oft genug selbst). An meinem Spiegel hängt eine Affirmation, die ich jeden Morgen und jeden Abend wiederhole. Sie lautet: „Ich bin kreativ, voller Kraft und ich meistere mein Leben." Es gibt also offenkundig Zeiten, in denen ich mich unzulänglich oder überfordert fühle, sonst hätte ich diese Notiz kaum am Spiegel hängen. Ich trage auch einen vergilbten Zettel in meinem Portmonnee mit herum, den mir mein Vater vor Jahren schrieb. Darauf steht, dass ich etwas Besonderes und klug sei und er mich liebt. Wie sehr ich auch versagt haben oder abgekanzelt sein worden mag – wann immer ich diese Worte lese, kehrt meine Kraft zurück. Sie brauchen diese innere Stärke, denn die Widrigkeiten des Lebens und Ihre Reaktion darauf, können Sie sehr wohl aus dem Lot werfen. Entdecken Sie für sich eine Botschaft, einen Gedanken oder ein Gebet, etwas, das Ihnen hilft, wieder zu Ihrer Kraft – zu sich – zu finden.

Programmieren Sie nicht Ihr Scheitern vor, indem Sie versuchen, in allen Bereichen Ihres Lebens einen Orden zu verdienen. Aber legen Sie Ihre Messlatte auch nicht zu niedrig an. Definieren Sie ein realistisches „exzellent" in jedem Bereich und das streben Sie dann an. Stecken Sie Ihre Ziele hoch, aber erreichbar, und, statt zu stagnieren, werden Sie kontinuierlich wachsen und sich weiterentwickeln.

Wenn ich glaube, in einer Sackgasse zu stecken, über mir das Damoklesschwert des Stillstandes, versuche ich, mich mit neuen Perspektiven wachzurütteln. Ein Beispiel: Schon seit Jahren fühlte ich mich unfähig, was Computer betrifft. Mein fünfjähriger Sohn denkt, ich sei gegen CD-ROMs allergisch. (Im

Grunde bin ich das, denn sobald ich eine sehe, bekomme ich Pickel vor lauter Selbstzweifeln.) Ich bin eine Internet-Idiotin. Mit diesem Gefühl der Unfähigkeit habe ich jahrelang gut gelebt. Mein Hang zur harschen Selbstkritik bedingt, dass ich es völlig normal und natürlich finde, von manchen Dingen nicht die leiseste Ahnung zu haben, und das einfach akzeptiere. Doch dann passierte das Unvermeidliche: In einem Anfall realistischer Selbstprüfung fiel es mir wie Schuppen von den Augen, dass ich mich ändern könnte, wenn ich es wollte. Welch genialer Gedanke.

Ich fasste zu Neujahr den Vorsatz, mehr über Computer zu lernen als nur, wie man das Textverarbeitungsprogramm meines von NBC gestellten Laptops benutzt. Und ich war wild entschlossen, online zu gehen – ein bis dahin Furcht erregender Gedanke, ähnlich grauenvoll, wie nackt auf einem Einrad durch ein Unwetter zu fahren. Tatsache ist: Noch vor wenigen Jahren hätte ich meinen Vorsatz absolut fanatisch verfolgt, mich unter Aufwendung aller physischen und psychischen Reserven durchgeboxt, 18 Stunden am Tag vor dem PC verbracht, um so schnell wie irgend möglich so gut wie irgend möglich zu werden. Heute bin ich realistischer, was mich und die mir zur Verfügung stehende Zeit betrifft. Ich bin nicht bereit, Zeit, die ich normalerweise mit meinen Kindern verbringe oder meiner Arbeit widme, für mein Computerprojekt zu opfern. Genauso wenig will ich diese Verpflichtungen als Entschuldigung missbrauchen, mich mit Mittelmäßigkeit zufrieden zu geben. Also lege ich meine Messlatte hoch, wähle mein Ziel ehrgeizig und verfolge es mit kontinuierlicher Energie – langsam, aber stetig. Wie finde ich die zusätzliche Zeit, um mich mit Computern vertraut zu machen? Ich belüge mich nicht länger und fühle mich nicht mehr schlecht, weil ich mich belüge. Sie wären verblüfft, wie viel wertvolle Zeit und Kapazität das freisetzt!

Der Trick besteht darin, sich nicht auf das Negative, sondern auf das Positive zu konzentrieren. Ich versuche, mir keine unmöglichen Ziele vorzunehmen. Bemühe mich nach bestem Wissen und Gewissen, das, was ich an einem bestimmten Tag schaffen kann, auch tatsächlich zu erreichen – an meine Grenzen zu gehen. Mein Mann war und ist mir diesbezüglich ein guter Lehrer, denn wenn er etwas nicht auf Anhieb kann, verfällt er weder in lähmungsähnliche Passivität, noch martert er sich mit Vorwürfen. Er bleibt einfach am Ball. Und er lernt immer dazu. Ihm bereitet dieses Lernerlebnis Freude und Befriedigung. Er findet etwas, das er nicht kann, und versucht, aus dem *Nichtkönnen* ein *Können* zu machen – langsam, beständig und ohne dass es ihm im geringsten peinlich wäre. Er ist gern bereit, beim Tennis oder Golf einen Narren aus sich zu machen, weil er beides irgendwann können will. Und er hat Spaß dabei, kann herrlich über sich selbst lachen. Dass er niemals so gut sein wird wie Pete Sampras oder Tiger Woods, als sie zwölf waren, nimmt er gelassen hin. In seinem Streben nach Meisterehren zählt für ihn nur die stetige, portionsweise Verbesserung, und egal, an welchem Punkt der Lernkurve er sich gerade befindet – er akzeptiert es. Das ist wahre Demut, obwohl ich mir nie und nimmer hätte vorstellen können, meinen Mann einmal mit diesem Wort zu beschreiben.

Als Charakteristikum meiner Mutter passt der Begriff sehr gut. Ich hoffe und erwarte, in ihrem Alter alles getan zu haben, was mir für mein Leben vorschwebte. Ich werde eine erfolgreiche Karriere als TV-Journalistin hinter mir haben, auf die ich stolz bin. Ich werde unsere vier Geschenke von Gott großgezogen haben (ohne in der Klapsmühle gelandet zu sein). Ich werde in jeder Beziehung eine phantastische Ehefrau gewesen sein, und mein Mann wird sich glücklich schätzen, sein Leben mit mir verbracht zu haben. (Das Gefühl habe ich umgekehrt auch – jedenfalls heute.) Ich werde eine gute Schwester gewesen sein, und ich werde meine Eltern geschätzt, respektiert und bewundert haben – für das, was sie als Einzelpersonen und als Paar darstellen, und – wichtiger noch – als Eltern. Ich werde Frieden geschlossen haben mit der Tatsache, dass ich nie ein so großes Publikum erreicht habe wie Oprah Winfrey, nie schreiben konnte wie Emily Dickinson, keine Schauspielerin war wie Meryl Streep und nie Torten backen konnte wie (Hilfe! Schon wieder sie!) Martha Stewart.

Das Leben ist ein Mosaik, ein Puzzlespiel. Sie müssen überlegen, wo die einzelnen Teile hingehören und sie dann entsprechend zusammenfügen. Ich habe eine junge Freudin, die spürte, dass sie das Zeug hatte, einen Roman zu schreiben, es aber nicht tat. Sie folterte sich, rieb sich auf mit Vorwürfen, weil sie es nicht vorzog, eine brotlose Künstlerin zu sein. Als sie 30 war, traf sie einen Mentor, der ihr vorschlug, wenn sie Angst hätte, mit Bücherschreiben ihren Lebensunterhalt nicht bestreiten zu können, in ihrem Job zu bleiben und nach Feierabend an ihrem

Roman zu arbeiten. Und genau das tut sie heute – sie lebt ihre Leidenschaft aus und liebt ihr Leben. Alles, was Superwoman von sich verlangen kann, ist: sich nichts zu schenken, zielstrebig und beständig zu sein – und Frieden zu schließen mit dem, was sie aus ihrem Leben macht.

Die Lektion

Perfektionismus ist nicht die Vorstufe zur Perfektion, sondern erzeugt Gefühle von Unzulänglichkeit und Wertlosigkeit. Sie sind aber nicht wertlos, weil Sie nicht alles schaffen. Sie sind nur ein Mensch – an dieser Tatsache können Sie nicht rütteln. Sie müssen sie akzeptieren – genauso wie sich selbst. Selbstakzeptanz ist der Schlüssel. Wäre Shakespeare eine Superwoman gewesen, hätte sie womöglich gesagt: Sein oder Nichtsein – erfordert Zeit und Weisheit.

7

Kinder verändern

Ihre Karriere

(ganz zu schweigen

vom Rest Ihres Lebens)

✧✧✧

Dies ist eine Weiterführung von Nummer sechs: „Du kannst nicht alles schaffen." Sobald Sie Kinder haben, ist es nicht nur unmöglich, alles zu schaffen, sondern auch unmöglich, Dinge so zu tun, wie Sie sie in Ihrem früheren Leben getan haben. Mit anderen Worten: Sobald Sie angefangen haben, eine Familie zu gründen, können Sie nicht mehr damit rechnen, der nimmermüde, stets leistungsfähige, rund um die Uhr fitte Workaholic zu sein, der Sie einst waren. Denn wenn Sie es sind, leiden Ihre Kinder – und glauben Sie mir, sollten Sie den Eindruck haben, dass Ihre Kinder leiden, wird Ihre Arbeit extrem unter den Schuldgefühlen leiden, die Sie dann zu quälen beginnen.

Ich habe mir mit der Familiengründung lange Zeit gelassen. Als unsere erste Tochter geboren wurde, war ich 34. Und um ehrlich zu sein, war ich damals ungefähr so naiv und hatte so wenig Ahnung vom Kinderalltag, wie ich an meinem ersten Tag in Philadelphia vom Nachrichtengeschäft hatte. In der Tat entpuppte sich die Mutterrolle als größte Herausforderung für mich – umfassender und schwieriger als vieles, womit mich meine journalistische Karriere bisher konfrontierte.

Als meine Tochter geboren wurde, war ich Feuer und Flamme für meinen Job. Ich war stolz, mir, nachdem ich drei Jahre zuvor von meinem visibilitätsträchtigen Posten bei den *CBS Morning News* abgesetzt worden war, bei einem anderen Sender wieder eine gute Position aufgebaut zu haben. Ich moderierte bei NBC zwei Nachrichtensendungen pro Woche, die ich hart erkämpft hatte und unbedingt behalten wollte.

Jeder sagte mir, mein Pensum sei purer Wahnsinn, nur ich empfand es nicht so. Ich fühlte mich selig – wie im Himmel. Von New York aus moderierte ich die Wochenendausgabe der *Nightly News*, während *Sunday Today* in Washington, D.C. aufgezeichnet wurde. Halb so wild, meinen Sie? Nicht wenn man bedenkt, dass ich auf der anderen Seite der Landkarte in Los Angeles lebte. Freitags flog ich von L.A. nach New York, von dort mit der Spätmaschine samstagabends nach D.C. und am Sonntag zurück an die Westküste. Ich liebte dieses Tempo. Ich liebte es, unterwegs zu sein und Leute wie Cory Aquino, Fidel Castro oder König Hussein zu interviewen. Ich liebte das Reisen und ich liebte das Moderieren. Ich liebte die Leute, mit denen ich arbeitete, und ich liebte die berufliche Herausforderung und das Prestige, das ich erworben hatte. Das war, wofür ich all die Jahre hart gearbeitet und wonach ich mich gesehnt hatte.

Als ich schwanger wurde, gab es für mich deshalb keinen Zweifel, dass ich weiter vor der Kamera stehen, meine beiden Sendungen weiter moderieren würde – etwas anderes war für mich gar nicht vorstellbar. Okay, ich würde mein Tempo ein wenig drosseln müssen, aber hatte man mir nicht erzählt, ich sollte in der Lage sein, alles zu tun? Das war präzise, was ich von mir erwartete. (Deshalb hielt ich es auch für vollkommen normal, direkt neben meinem

Moderatorensessel einen Eimer für die Morgenübelkeit stehen zu haben. Oder während einer Werbepause zur Toilette zu rennen, mich kurz zu übergeben, zurückzuhetzen und haarscharf auf die Sekunde genau mit einem Lächeln zu sagen: „Willkommen zurück bei *Sunday Today*." Ich war sogar so dreist, auf die Frage eines Zeitungsreporters über die Probleme, die eine so große räumliche Distanz zwischen Familie und Job aufwarf, zu antworten: „Ich bin sehr religiös ... Ich glaube, dass Gott seine Hand über mich hält und mich befähigt, beides zu tun." Wenn ich das jetzt schreibe, kann ich nicht glauben, wie ignorant ich damals war – oder besser gesagt: arrogant. Zu glauben, was *ich* wollte sei dasselbe wie das, was *Gott* für mich wollte.

Die Realität holte mich jäh ein, als ich meine Tochter zum ersten Mal in den Armen hielt. Ich verliebte mich so sehr in mein Kind, dass mir der Gedanke, auch nur eine Sekunde von ihm getrennt zu sein, unerträglich erschien. Trotzdem verteidigte ich meine unrealistischen Erwartungen mit aller Macht, verbrachte einen Großteil meines Mutterschaftsurlaubs mit dem Nachdenken darüber, wie ich Baby, Reisen und Job organisatorisch am besten auf die Reihe bringen könne. Ich war mir sicher, mir würde schon eine Lösung einfallen, doch als ich mich nach praktischen Beispielen umsah, fand ich keine. Neben den grundsätzlich nicht zu bekommenden Moderationen von Morgenmagazinen, die fast keine Reisen erforderten, schien es nicht viele Posten im Nachrichtengeschäft zu geben, die sich mit kleinen Kindern vereinbaren ließen. Und wo waren die Rollenvorbilder? Viele der Frauen, die sich vor mir die

Karriereleiter hochgeboxt hatten, mussten sehr, sehr zielstrebig und ehrgeizig sein, um sich in der männerdominierten Nachrichtenszene durchzusetzen. Viele blieben ledig. Viele waren geschieden. Viele kinderlos. Eine hochkalibrige Nachrichtenfrau gestand mir Jahre später, sich immer noch schuldig zu fühlen, weil sie sich für ihre Karriere statt fürs Kinderkriegen entschieden hatte.

Und es gab noch ein anderes Druckmoment. Mein Mann hatte mir unmissverständlich erklärt, keinerlei Ambitionen zu hegen, nach New York – dem Headquarter von NBC News – zu ziehen. Seine Karriere spielte sich in L.A. ab und stellte meine bei weitem in den Schatten. Da stand ich nun mit meinem wunderhübschen Baby und dem Mann, den ich liebte, in Kalifornien, dem Job, den ich liebte, in New York und Washington, und den Geschichten, über die ich schreiben wollte, in der ganzen Welt verstreut.

Nach dem Mutterschaftsurlaub kehrte ich zurück, als sei nichts passiert, pendelte wie eine Verrückte zwischen Ost- und Westküste hin und her. Mein Töchterchen sammelte bereits Vielfliegerkilometer. Aber es dauerte nicht lange, bis ich merkte, dass ich mir etwas vormachte. Nichts funktionierte richtig – weder die Mutterschaft noch mein Job. Je nachdem, welchem von beiden ich mich gerade widmete, machte ich mir Sorgen und fühlte mich schuldig wegen dem, was ich momentan vernachlässigte. Ich würde eine Entscheidung fällen müssen, so konnte es nicht weitergehen. Ich versuchte, meine Chefs zu überzeugen, mich wenigstens eine der beiden Sendungen in Los Angeles aufzeichnen zu lassen. „Kommt nicht in Frage", bekam ich zur Antwort. Ich flog nach Hause zurück und heulte Tränen der Frustration. Hinzu kam, dass die hilfreichen Ratschläge, die man mir bereitwillig anbot, mich nur noch mehr verwirrten. Einige rieten mir, den Job sausen zu lassen, zu Hause zu bleiben und mich um mein Kind zu kümmern. Ich habe das Glück, dass diese Alternative finanziell möglich gewesen wäre – emotional war es das keinesfalls. Andere redeten mir zu, beide Sendungen zu behalten, irgendwie würde sich schon alles auf wundersame Weise fügen, denn ich sei eine anständige Person, die zu bekommen verdient, was sie sich wünscht.

Schließlich ging ich zum Chef des Senders und schilderte ihm mein Dilemma. Ich erklärte ihm, dass ich nicht glaubte, meine beiden Moderationen in der gewohnten Weise weiterführen *und* mich um mein Baby kümmern *und* meine Ehe intakt halten zu können. Andererseits, ergänzte ich, wollte ich nicht alles verlieren, wofür ich so hart gearbeitet hatte. Er signalisierte Verständnis, machte aber gleichzeitig deutlich, dass ich wählen müsste. Er fügte hinzu, wenn ich mich zur Aufgabe der Moderationen entschließen würde, täten sich früher oder später bestimmt Möglichkeiten auf, an meine Moderatorinnen-Karriere anzuknüpfen. Obwohl er ein ehrenwerter Mann war, muss man Versprechungen wie diese im TV-Business richtig interpretieren – als leer und substanzlos. Fazit war: Ich stand am Scheideweg. Mit tonnenschwerem Herzen gab ich meine Sendungen an der Ostküste auf – beide. Überflüssig zu sagen, dass binnen fünf Minuten eine Nachfolge für mich gefunden war. *The show must go on* – die

Nachrichtenmaschinerie lief mit unvermindertem Tempo weiter, und ich flog heim nach Los Angeles.

Ich würde Ihnen gern sagen, dass ich erleichtert war nach meiner Enttäuschung. Die Wahrheit ist: Ich fühlte mich mal wieder als Versagerin, war enttäuscht, dass es mir nicht gelungen war, alles unter einen Hut zu bringen. Gewiss, ich war immer noch bei NBC unter Vertrag, dafür dass ich einstündige Spezialbeiträge ablieferte, aber ich hatte meine eigenen wöchentlichen Sendungen – meine Machtbasis – verloren. Ich war wieder eine einfache Reporterin, die bei Null anfing. Wenn ich Null sage, weiß ich, dass ich meine Situation dramatisiere. Ich weiß, am Tiefpunkt ankommen heißt, auf die Straße gesetzt zu werden, arbeitslos zu sein, seinen Kinder nichts zu essen kaufen zu können. Ich weiß, dass es Millionen Frauen gibt, deren Situation tatsächlich katastrophal ist und die niemand anderen haben als sich selbst. Ich mache häufiger Berichte über Frauen mit Kindern, die am Tiefpunkt angelangt waren und ihre Misere aus eigener Kraft überwunden haben. Ich bewundere solche Frauen und versuche, mir an ihrem Mut und ihrer Stärke ein Beispiel zu nehmen.

Rückblickend wünsche ich mir heute, ich hätte damals nicht so viel Angst und Tränen auf etwas verschwendet, das letztlich meine Entscheidung war. Ich war diejenige, die entschied, meiner Familie mehr und NBC weniger Zeit zu widmen. Und daran hat sich nichts geändert: Heute moderiere ich und liefere Beiträge für eine bestimmte Anzahl *Dateline*-Magazine pro Jahr. Dabei kann ich auf die Unterstützung meines Vorgesetzten in New York zählen, der mir hilft, Geschichten zu finden, bei denen ich nicht zu viel verreisen muss, so dass ich mir sagen kann, die kurze Trennung von meinen Kindern war die Sache wert. Außerdem moderiere ich pro Jahr mindestens zwei eigene einstündige Specialsendungen, wie zum Beispiel einen Dokumentarbericht über vier Sozialhilfeempfängerinnen in Wisconsin und ihre Bemühungen, einen Job zu finden. Und ich habe das große Glück, zur Sonderberichterstatter-Crew von NBC zu gehören, die etwa über Parteiversammlungen, Wahlen, Olympische Spiele, Krönungen, Amtsantritte und, wie im letzten Jahr, über Amtsenthebungsverfahren berichtet. Und trotz dieser interessanten Aufgaben genieße ich viel Freiheit und Flexibilität und gehe nur ins Studio, wenn ich muss.

Sie dürfen nicht vergessen, als ich vor über zehn Jahren dieses Arrangement mit NBC traf, kannte ich niemanden, der Teilzeit an seinem Computer von zu Hause aus arbeitete. Und der Senderchef hatte Angst, wenn man mir diese Möglichkeit einräumte, würden alle anderen gleiches Recht für sich beanspruchen und dieselbe Freiheit wollen. Allerdings hatte ich zum damaligen Zeitpunkt 13 harte Jahre im TV-Business auf dem Buckel – Jahre, in denen ich mich manchmal sieben Tage die Woche, bis zu 20 Stunden am Tag abgerackert hatte. Es hatte keinen Ort gegeben, an den ich für eine gute Story nicht gereist wäre, keinen Auftrag, den ich ohne triftigen Grund abgelehnt hätte. Deshalb wusste die Senderleitung, wenn ich erklärte, Beiträge konzipieren und von zu Hause aus so viel Produktives wie möglich beisteuern zu wollen, würde ich sie nicht enttäuschen und mir am Strand von Malibu die Sonne auf den Bauch scheinen lassen. Es war klar, dass ich mich weiterhin abrackern würde, wenn auch nur in Teilzeit, während ich in meiner restlichen Zeit Kinder in die Welt setzen und mich um meine wachsende Familie kümmern würde. Und, so war wohl die Überlegung, wenn es nicht klappte, könnte man mich immer noch feuern.

Wie privilegiert ich bin? *Sehr.* Ich hatte die finanzielle Möglichkeit, meine Karriere zurückzuschrauben, und einen Arbeitgeber, der meine Prioritäten würdigte und verstand und bereit war, einen Modus für unsere Zusammenarbeit zu finden, der es mir erlaubte, das intensive und enge Familienleben zu führen, das mir vorschwebte. Trotzdem: Damals, als ich meine Entscheidung traf, fühlte ich mich ängstlich und schuldig. Hätte ich geahnt, wie viele Leute ein Jahrzehnt später von zu Hause aus ihre Arbeit würden erledigen, hätte ich weniger geweint und wäre mir nicht so allein auf weiter Flur vorgekommen. Ob ich mich weniger schuldig gefühlt hätte, kann ich nicht sagen. Noch heute überfällt mich hin und wieder jäh ein Schuldgefühl, weil ich das wahnsinnige Glück habe, voll am Leben meiner Kinder teilnehmen und weiter meinen hochkarätigen Job ausüben zu können. Mir ist klar, dass ich mir durch meine vielen Berufsjahre und mein ungebeugtes Engagement einen Bonus an Einfluss und Goodwill verdient habe, der mir sehr viel half. Hätte ich meine Kinder als Debütantin in Philadelphia gehabt – vergessen Sie`s!

Den Frauen, die ihren Weg vor mir gegangen sind, Barrieren heruntergerissen und Bastionen erstürmt haben, bin ich unendlich dankbar. Mir ist überaus bewusst, dass es mir unmöglich gewesen wäre, Teilzeit zu arbeiten und meine Kinder zu haben, wenn Frauen vor mir sich nicht krumm gelegt hätten, um zu beweisen, wie tüchtig, konkurrenzfähig und wert sie es waren, dass Unternehmen in sie investierten. Wir Frauen sind es wert, dass man unsere Bedürfnisse ernst nimmt und erfüllt.

Jeder hat andere Prioritäten im Leben. Worauf es ankommt: dass Sie in den Spiegel sehen können und die Person mögen, die Ihnen dort entgegenblickt. Und Sie müssen ehrlich prüfen, was Sie aufzugeben bereit sind. Ich beschloss, meinem Bauch zu folgen und mehr Zeit zu Hause zu verbringen. Ich weiß, welch unsägliches Glück ich habe. Denn hätte mein Bauch mir zum Fulltime-Job geraten, hätte ich mir ohne weiteres eine Hilfe leisten können, die mir diesen ermöglicht hätte. Heute kenne ich viele Frauen, die nicht nur Mütter sind, sondern auch deutlich über 40 Stunden pro Woche arbeiten. Ihre Ehen sind in Ordnung, ihre Kinder gedeihen prächtig – ebenso ihre Karrieren. Diesen Frauen gebührt mein Respekt und mein Applaus. Aber ich bin nicht so.

Es gibt verschiedene Arten von guten Müttern. Überlegen Sie sich, welche Art Mutter Sie sein wollen – und vergleichen Sie sich mit niemand anderem. Ich stellte mich auf die Probe, indem ich mir diese Frage beantwortete: Was wäre schlimmer für mich? Wenn meine Kinder sagten: „Du hilfst uns nie bei den Hausaufgaben! Nie bist du zu Hause!"? Oder wenn Diane Sawyer das Interview mit Boris Jelzin zugeteilt bekäme? Ich kam zu dem Schluss, das erste Szenario wäre schlimmer für mich, weil ich mit den Schuldgefühlen nicht klarkäme, wenn meine Kinder so etwas zu mir sagten. (Jetzt bin ich die meiste Zeit mit meinen Kindern zusammen, und *trotzdem* sagen sie solche Sachen, um mich zu manipulieren. Aber der Unterschied ist, diese Kommentare perlen an mir ab, weil ich weiß, sie stimmen nicht. Würden sie stimmen, wären meine Schuldgefühle nicht zu ertragen. Übrigens will ich damit nicht behaupten, ich hätte die geringste Chance auf das Jelzin-Interview – egal, wie viel oder wie wenig Zeit ich mit meinen Kindern verbringe.)

Wie dem auch sei: Mein Bauch meldet sich oft mit Schuldgefühlen, und viel meiner Lebensorganisation dient dazu, diese auszuschließen. Ich habe das Gefühl, meinen Kindern ein bestimmtes Maß an Aufmerksamkeit und Anteilnahme zukommen lassen zu müssen, und wenn ich dieses Soll nicht erfülle, fühle ich mich schlecht. Meine Welt dreht sich heute um ihre Stundenpläne, ihre Freizeit, ihre Träume und Tragödien. Ich muss wissen, was im Klassenzimmer passiert, wie die Hausaufgaben laufen, wie es den Busenfreunden geht und wie es um die vielen kleinen Intrigen und Rivalitäten, die kleine Buben und Mädchen umtreibt, bestellt ist. Mein Mann und ich bringen die Kinder zur Schule, holen sie ab, fahren sie zu Fußballtraining, Ballett, Verabredungen und Arztterminen. Aber die Gewissheit, sollten wir einmal verhindert sein, ein Kindermädchen zu haben, auf das wir zählen können, bedeutet Luxus für mich.

Heute verbringe ich insgesamt mehr Zeit damit, Mutter zu sein, als mit Bemühungen, ein Interview mit der First Lady zu bekommen. Die wichtigste Uhrzeit des Tages ist für mich 15.30 Uhr, wenn die Kinder aus der Schule kommen. Wenn möglich, schalte ich zwischen vier und acht Uhr nachmittags den Anrufbeantworter ein, damit ich in Ruhe mit ihnen spielen und ihre Hausaufgaben überwachen kann. Und es ist mir, wie ich gestehen muss, einige Male passiert, dass ich vergaß, Interviewtermine telefonisch zu bestätigen. (Bye-bye, Jelzin.) Umgekehrt kam es vor, dass ich meine Tochter im Jogging-Anzug, die Haare frisiert, mit fertigem TV-Makeup, zum Kindergarten brachte und mich dann auf dem Rücksitz des NBC-Wagens umzog, während ich in die Stadt zur Urteilsverkündung im O. J. Simpson-Prozess gefahren wurde. Also bin ich wohl doch keine stinknormale Mutter.

Weil ich ehrgeizig bin, *alle* meine Ziele zu erreichen, bereitet es mir manchmal Mühe, mit den von mir getroffenen Entscheidungen zu leben. Auch mit vier Kindern bekomme ich noch sehr spannende Angebote. Aber das ändert nichts an der Tatsache: Ich habe keine eigene Sendung mehr – dieser Nimbus fehlt mir, diese Macht habe ich abgegeben. Nein, der hohe Ton, den Sie hören, ist kein Jammern. Na ja, vielleicht ein bisschen. Ich kriege immer noch Magenschmerzen, wenn ich ein Interview mit einer prominenten Persönlichkeit an eine Kollegin verliere, die häufiger vor der Kamera zu sehen ist, ihre eigene Sendung und daher mehr Ansehen und Einfluss hat. Zu dieser Elite gehöre ich nicht mehr. Und es bringt mich auf die Palme, wenn Leute, die mich jeden Tag mit meinen Kindern sehen, fragen, ob ich noch berufstätig sei. Sobald mein Ärger abgekühlt ist, mein Ego sich beruhigt hat, rufe ich mir dann ins Gedächtnis, dass ich mich freiwillig aus der Eliteliga zurückgezogen habe. Es war *meine* Entscheidung und sie war richtig für mich. Ist es immer noch.

Wie gesagt: Es ist nicht immer leicht. Ich mache mir Sorgen, wenn ich eine Geschichte ablehne, für die ich viel verreisen müsste. Wird das in den Augen meiner Vorgesetzten das Fass zum Überlaufen bringen? Jedes Mal, wenn ich einen Auftrag nicht annehme, weil er mit einem Fußballspiel oder einer Theateraufführung meiner Kinder kollidiert, halte ich den Atem an, wie sie wohl reagieren. Werden sie mich nun feuern? In meinem Wunsch, zu Hause und meinen Kindern eine gute Mutter zu sein, traf ich ein paar ziemlich radikale, schwer nachvollziehbare Entscheidungen.

Zum Beispiel, als ich Staatschef Fidel Castro für ein zweistündiges Special zur Kuba-Krise interviewen sollte. Das war ein Riesending damals und das NBC-Personalaufgebot gigantisch. Wir warteten und warteten. Kein Castro. Warteten weiter. Kein Castro. Allmählich rückte das Wochenende näher, und ich bekam erste Schweißausbrüche, weil meine Tochter Montag ihren ersten Tag in der Preschool hatte. Ihr Vater war beim Drehen, und ich hatte ihr hoch und heilig versprochen, nichts in der Welt würde mich abhalten, sie zu begleiten. Den ersten Schultag unseres ersten Kindes hielt ich für genauso wichtig wie jedes beliebige weltpolitische Ereignis. (So denken Mütter, wenn es ihr erstes Kind betrifft.) Es wurde Freitag in Havanna, und man informierte uns, dass Castro krank sei – „unpässlich" war der Ausdruck – und nicht interviewt werden könnte. Darauf erwiderte mein Chef, wir würden warten.

Am Samstag rief Castro mich zu sich. Ich hatte ihn bereits einmal interviewt, und er wollte mir persönlich mitteilen, dass er sich noch immer nicht auf der Höhe fühle und das Interview daher erst am

Montag stattfinden könne. Mein Magen krampfte sich zusammen und ich platzte heraus: „Das geht nicht! Das kann ich unmöglich! Ich muss nach Hause und meine Tochter zur Schule begleiten."

Totenstille im Raum. Mein Chef verpasste mir einen Tritt unter dem Tisch und bat mich kurz vor die Tür. „Bist du verrückt geworden?", schalt er mich. „Vollkommen übergeschnappt?" Ob ich nicht wüsste, wie lange wir um diesen Interviewtermin gekämpft hatten? War mir nicht klar, dass diese Chance vermutlich nie wiederkehrte, wenn ich jetzt ginge? So launisch und sprunghaft wie Castro war, musste man ihn sich dann schnappen, wenn er zu kriegen war. All das verstünde ich, sagte ich zu meinem Chef, trotzdem könnte ich nicht *nicht* nach Hause fliegen. Wenn ich es mir heute überlege, bin ich sicher, dass mein Töchterchen nicht wusste, wie bedeutsam der erste Schultag war, aber *ich* wusste es. Ich ging zurück und erklärte Castro, es ginge um mein erstes Kind und ich müsse einfach hin, würde aber sofort danach wieder in den Flieger steigen – und ob er nicht bitte auf mich warten könne? Mein Chef sah aus, als bekäme er jeden Moment einen Herzinfarkt. Doch Castro sagte, ohne eine Minute zu zögern oder auch nur die Miene zu verziehen: „Bringen Sie Ihre Tochter zur Schule. Ich erwarte Sie am nächsten Samstagvormittag." Daraufhin ging er.

Ich flog nach Hause, brachte sie zur Schule (sie weinte nicht, aber ich), flog wieder nach Kuba und führte eines der faszinierendsten Interviews meiner Karriere. Das erste, was Castro mich fragte, war übrigens: „Wie war der erste Schultag?" Da war ich noch einmal mit einem blauen Auge davongekommen.

Meine Empfehlung lautet also, sich nach Möglichkeit die Unterstützung Ihres Arbeitgebers zu sichern. Flexible Arbeitszeiten, Teilzeitmodelle, Jobsharing, eine familienfreundliche Atmosphäre – versuchen Sie, diese Dinge anzuregen. Sollte Ihr Arbeitgeber stur bleiben und sich familienfreundlichen Konzepten widersetzen, kann es sein, dass Sie sich nach einem anderen Job umsehen müssen. Es gibt heutzutage sehr viele Unternehmen, die Ihr Familienleben als das schätzen, was es ist – das kostbarste Gut von allen.

Und vergessen Sie nicht, auch wenn Sie Ihren Job für Ihr Leben und gleichbedeutend mit Ihrer Identität halten, glauben Sie mir: Er ist es nicht und sollte es nicht sein. Im Berufsleben sind Sie zu ersetzen – niemand weiß das besser als ich. Aber als Eltern sind Sie unersetzlich. Wohlgemerkt: Ich spreche von Müttern *und* Vätern. Auch Väter müssen bereit sein, ihr Leben für ihre Kinder neu zu organisieren. Muss ich Sie erinnern, dass schließlich auch Sie beide am Akt der Zeugung beteiligt waren? Seit der Geburt unserer Kinder hat mein Mann seine Karriere zwar nicht so drastisch umgekrempelt wie ich, aber auch er organisiert Dinge heute anders und achtet darauf, dass die Leute, mit denen er arbeitet, seine Prioritäten kennen. Er nimmt unsere Kinder oft mit zum Set, treibt Sport mit ihnen, spielt mit ihnen und erzieht sie mit Liebe und fürsorglicher Strenge.

Eine Sache muss ich noch klarstellen: Keiner von uns beiden bildet sich ein, wir könnten unsere Kinder allein erziehen. Ohne die Anteilnahme und den

Rat von Freunden wäre ich absolut aufgeschmissen. Freunde helfen uns, sie bezaubern uns, leiten uns, weinen mit uns. Gemeinsam mit ihren Kindern spinnen sie an dem wohltuenden Kokon aus Liebe, Unterstützung und Geborgenheit, der unsere – und ihre – Familie umgibt. Was ich über Mentoren als berufliche Ratgeber sagte, gilt auch für die Kindererziehung. Haben Sie stets ein offenes Ohr für gute Ratschläge. Bilden Sie sich nie ein, zu klug zu sein, um Hilfe zu erbitten, und seien Sie nicht so arrogant zu denken, Sie schafften es allein.

Die Erweiterung meines Freundeskreises durch die vielen anderen Mütter ist eine wundervolle Erfahrung, die ich erst machte, nachdem ich mich karrieremäßig zurückgenommen hatte. Ich war stets sicher gewesen, mich in dieser immer noch überwiegend männerregierten Welt beruflich durchzusetzen. Aber nun bin ich auch Vollmitglied der Schwesternschaft der Mütter – ein Geschenk, das mein Leben unendlich bereichert hat.

Die Lektion

Kinder verändern Ihre Karriere. Aber sie erweitern sie auch in einer Weise, die Sie sich nie erträumt hätten. Kinder lehren uns Dinge, die zu lernen wir allein nicht in der Lage wären – zumindest nicht in dieser Form. Sie erteilen uns Lektionen in Geduld und Selbstlosigkeit, Liebe und der Fähigkeit, loslassen zu können. Was mich betrifft; ich war auf dem besten Weg, mich vom Kontroll-Freak zum Kontroll-Monster zu entwickeln. Meine Kinder lehrten mich,

gelassen zu bleiben, mich nicht wegen jeder Kleinig-
keit aufzuregen, flexibel zu sein, es zu akzeptieren,
wenn sie nicht genauso handelten, wie ich. Ich kann
sie führen und lenken, respektieren und schätzen –
kontrollieren kann ich sie nicht. Und wissen Sie was?
Sie machen viel mehr Spaß als Boris Jelzin.

8

Eine gute Ehe ist verdammt viel harte Arbeit

✧✧✧

Mein Gott, und ob das stimmt! Als ich das College verließ, hatte ich davon natürlich keine blasse Ahnung. Sonst hätte ich kaum im Alter zwischen 20 und 30 so viel Zeit damit vergeudet, mir Sorgen zu machen, weil ich unverheiratet war. Sollten Sie sich Sorgen machen, weil Ihnen noch nicht der Richtige oder die Richtige über den Weg gelaufen ist, verfallen Sie nicht in Hektik oder gar Panik. Lassen Sie sich Zeit, bleiben Sie locker und entspannt, genießen Sie Ihre Freiheit, denn wenn Sie erst im Hafen der Ehe gelandet sind, haben Sie diese Art von Freiheit nicht mehr. Verrückt, wie viele es furchtbar eilig haben mit dem Heiraten und dann, nachdem der Schritt vor den Altar vollzogen wurde, aus dem Jammern und Klagen gar nicht mehr herauskommen!

Verstehen Sie mich nicht falsch: Ich bin glücklich in meiner Ehe, mein Mann und ich lieben uns seit über 20 Jahren. Ich habe einen Mann geheiratet, der erkannte, dass ich in erster Linie eine eigenständige Person bin und das Leben, das ich als Individuum führe, mir ebenso wichtig ist wie unser Leben zu zweit. Heute weiß ich: Wäre ich mit jemandem den Bund fürs Leben eingegangen, der sich gegen meine Karriere gestellt, keine großen irisch-katholischen Familien und keine Kinder gemocht hätte, würde ich jetzt darüber schreiben, dass eine *Scheidung* – nicht die gute Ehe – verdammt viel harte Arbeit ist.

Als ich mit dem College fertig war, träumte ich nicht nur von einer berauschenden Karriere als Nachrichtenfrau, sondern auch von einer Hochzeit wie aus dem Märchenbuch. Ich nenne es mein „Hochzeits-Hirngespinst". Wie viele junge Frauen nahm ich an, wenn ich den richtigen Mann hätte, die prunkvolle Hochzeitsrobe, den sündhaft teuren Ehering, niedliche Brautjungfern und ein exquisites Hochzeitsbankett, wäre das – simsalabim! – der Sesamöffne-dich zum Glücklich-bis-ans-Lebensende-Wunderland. Kurz gesagt: Ich dachte, wenn ich den richtigen Kerl heiratete, wäre die Sache damit erledigt. Wie dumm ich doch war! Um den Ehebund zu schließen, braucht es nicht mehr als ein kleines „Ja, ich will". Um dieses Bündnis tagein, tagaus zu leben und zu tragen, ist viel (guter) Willen erforderlich. Anders ausgedrückt: *Heiraten* ist lange nicht dasselbe wie *verheiratet sein* und schon gar nicht wie *verheiratet bleiben*.

Late-Night-Talker Jay Leno sagte einmal, Leute, die ihre Ehe als harte Arbeit bezeichnen, führten vermutlich keine sehr glückliche Ehe. Es stimmt, das Wort „Arbeit" klingt sehr nach Pflichterfüllung, Qual und Plackerei – nach etwas, auf das man sich nicht freiwillig einlässt, es sei denn, man bekommt Geld dafür, und das nicht zu knapp. Um diese Art „Arbeit" geht es mir nicht in diesem Kapitel. Nein, ich will, dass Sie begreifen: Die Ehe ist kein Zustand, kein Status quo, sondern ein Prozess. Sie erfordert Zeit, Nachdenken, Aufmerksamkeit und Einsicht. Sie besteht aus Millionen kleiner Handlungen, die wir unternehmen, um mit jemandem zusammenzubleiben, unser Leben mit jemandem zu teilen, eine Partnerschaft mit jemandem zu haben, jemanden zu schätzen und zu unterstützen, unsere Liebe zu jemandem zu vertiefen – Handlungen, die wir kontinuierlich und auf lange Sicht unternehmen.

Eine Falle, die einer Ehe gleich nach den Flitterwochen den Garaus machen kann, ist der Wahn, mit dem Märchenprinzen/der Traumprinzessin an der Seite aus dem Schneider zu sein. (Klingt ganz nach einem roten Faden.) Die Erwartung, dass der Partner alles für uns tut: uns glücklich macht, unsere Seele heilt, uns Erfüllung schenkt, uns komplett macht, uns definiert, unser Leben für uns lebt, unserem Leben Bedeutung verleiht. Wer in diese Falle tappt, begeht einen grotesken Fehler. Ich hatte das Glück, das vor meiner Heirat zu lernen. Wir waren eine Weile zusammen, als mir mein zukünftiger Ehemann erklärte: „Verlass` dich nicht darauf, erwarte nicht von mir, dass ich dich glücklich mache." Sieh einer an, dachte ich bei mir, ist es nicht anbetungswürdig, wie virtuos er die englische Sprache beherrscht? Natürlich hat er keine Ahnung, was er da sagt. Wer sonst bitte soll mich glücklich machen, wenn nicht er? Aber er blieb unerbittlich. „Du musst erst mit dir selbst glücklich sein. Mit dir und deinem Leben, unabhängig davon, was die andere Person dazu beisteuert." Das war ernst gemeint. Er erklärte mir, er wolle gern mein Sahnehäubchen sein, aber kein ganzes Dessert – damit dürfe ich nicht rechnen. Wäre das nicht ein reizender Refrain für eine romantische Ballade? Spaß beiseite: Ich wusste, er hatte Recht.

Die Lektion von mir: *Frauen*, erwartet nicht, dass euer Gatte euer Leben für euch lebt und euch eine Identität gibt. Ihr müsst euer *eigenes* Leben leben und eure Identität selbst entdecken. Tut Ihr das nicht, garantiere ich euch, Ihr habt einen distanzierten, gleichgültigen, frustrierten und ablehnenden Mann an eurer Seite – und Ihr werdet wütend sein, weil er ein Versager ist, eure Erwartungen nicht erfüllt. Doch euer Problem ist nicht euer Ehemann. Es sind eure unrealistischen Erwartungen. Und den *Männern* (nicht vergessen: ich habe vier Brüder) lege ich ebenfalls ans Herz: Erwartet nicht, dass eure Gattin alle nichtberuflichen Bereiche eures Lebens *für* euch regelt, als sei euer Job die einzige Verantwortung, die Ihr in eurer Ehe tragt. ihr könnt euch nicht aus allen anderen Lebensbereichen ausklinken. Wenn Ihr denkt, das sei zu viel verlangt und Ihr bräuchtet euch um nichts außer euren Beruf kümmern, überdenkt eure Einstellung nochmal. Denn wenn Ihr das nicht tut, garantiere ich euch, Ihr habt eine distanzierte, gestresste, frustrierte und ablehnende Frau an eurer Seite – und Ihr werdet wütend sein, weil sie eure Erwartungen nicht erfüllt. Doch euer Problem ist nicht eure Ehefrau. Es sind eure unrealistischen Erwartungen.

Männer und Frauen: Nichts tötet eine Liebe schneller, als dem Partner vorzuwerfen, Dinge nicht zu tun, die man selbst tun sollte. Sicher können Sie uneingeschränkt glücklich in Ihrer Ehe sein, aber Sie können Ihren Partner nicht für Ihr Glück – oder Unglück – verantwortlich machen. Das ist weder realistisch noch fair. Wer den anderen zu einer höheren Macht stilisiert, wird zwangsläufig fürchterlich enttäuscht und denkt, es sei die Schuld *des Partners*, wenn er dieser aufgepfropften Rolle nicht gerecht wird. Hören Sie auf damit.

Womit wir bei der Glücklich-bis-ans-Lebensende-Illusion wären. Wissen Sie was? Genau das ist sie: eine Illusion – noch dazu eine –, die verrückte und völlig überspitzte Erwartungen weckt. Obwohl ich eine sehr gefestigte Ehe führe, bin ich nicht 24 Stunden am Tag das glückliche kleine Ehefrauchen. Dinge passieren. Mein Mann macht Sachen, die mich zur Weißglut treiben, und Gott weiß, dass es umgekehrt genauso ist. Externe Stress- und Druckmomente lassen zwei Menschen zwischendurch weiter auseinanderdriften oder schweißen umso enger zusammen. Auch ohne besondere Vorkommnisse gibt es Meinungsverschiedenheiten, Konflikte und Zeiten, wo Sie vielleicht sogar am liebsten auf Nimmerwiedersehen die Tür hinter sich zuknallen würden. Genau wie es im Leben Höhen und Tiefen gibt, so ist auch eine Beziehung eine Abfolge von Ebbe und Flut, einer Wellenbewegung gleich. Es ist nunmal nicht der normale Ehealltag, sich rund um die Uhr wie die Turteltäubchen gurrend und schmachtend zu umflattern.

Was passiert, wenn Sie nichts gegen unweigerlich auftauchende negative Situationen und Gefühle unternehmen? Selbstverständlich können Sie diese übergehen und sich mit der Glücklich-bis-ans-Lebensende-Illusion betäuben: „Alles ist großartig! Die Kinder sind großartig! Er ist großartig! Ich bin großartig!" Das einzige Problem: Es funktioniert nicht – nicht auf Dauer. Wenn Sie sich früher oder später eingestehen, dass nicht alles Friede, Freude, Eierkuchen ist, folgern Sie leicht, Ihre Ehe sei irreparabel geschädigt. Und das wirklich Traurige ist: Hätten Sie sich gleich zu Anfang mit den negativen

Situationen und Gefühle auseinander gesetzt, sie aus der Welt geschafft, hätten sie nicht vor sich hin gären und sich zu einem massiven Schaden auswachsen können.

Möglich, dass Sie keine Illusionen haben, was die Institution der Ehe betrifft. Vielleicht wurden Ihre Eltern geschieden, als Sie noch klein waren, und Sie wissen deshalb, dass das „Glücklich-bis-ans-Lebensende" nur in Märchen und Hollywoodfilmen existiert. Allerdings erzählen mir viele Freunde, die Scheidungskinder sind, dass sie an dem Traum festhielten, es anders – besser – als ihre Eltern zu machen. Sie wollten und erwarteten das Märchen trotzdem.

Was meine Eltern betrifft, kann ich nur sagen, sie ließen das eheliche Zusammenleben sehr einfach aussehen. Wenn sie stritten – und ich weiß, das taten sie –, dann so, dass wir nichts davon mitbekamen. Wenn sie unterschiedliche Auffassungen unsere Erziehung betreffend hatten, einigten sie sich unter vier Augen, und auch davon bekamen wir nichts mit. Glatt und ohne Brüche traten sie mal als Individuum mal als Ehepaar auf, und alle zusammen ergaben wir eine funktionierende Familie. Zumal sie nie über die Arbeit sprachen, die eine gute Ehe erfordert, ging ich davon aus, mein eigenes Eheleben würde genauso ablaufen – mühelos, harmonisch, glatt, glücklich.

Meine Anregung: Wenn Sie ein gutes Verhältnis zu Ihren Eltern haben und ihre Ansichten respektieren, fragen Sie sie nach den guten und schlechten Seiten ihrer Ehe. Fragen Sie, inwiefern die Kinder ihre Beziehung veränderten. Wie sie mit Geld umgehen und ob Geld das Machtverhältnis zwischen ihnen prägt (das kann es nämlich). Fragen Sie sie nach der Rolle des Glaubens, stellen Sie ihnen alle möglichen Fragen. Löchern Sie sie, profitieren Sie von ihrer Weisheit und Lebenserfahrung. Wenn Ihre Eltern wie meine sind, ziehen sie es vor, sich über die rauen Zeiten ihrer Ehe auszuschweigen. Schwierigkeiten versuchen sie zu beschönigen – vielleicht aus Angst, in unseren Augen an Achtung zu verlieren. Sagen Sie ihnen, wie wichtig es für Sie ist, dass sie offen und ehrlich mit Ihnen sprechen, dass Sie sie keineswegs verurteilen, sondern nur Dinge rechtzeitig begreifen wollen – Dinge, von denen *sie* sich gewünscht hätten, sie früher gewusst zu haben, die sie heute womöglich anders machen würden, kurz: Lektionen, die sie erlernt haben. Ist die Ehe Ihrer Eltern gescheitert, forschen Sie nach den Gründen. Aus ihren Fehlern können Sie lernen.

Wann immer ich Ehepaare treffe, die lange verheiratet sind, frage ich sie nach ihrem Rezept. (Mein Mann behauptet, ich würde alle Menschen interviewen.) Egal, um wen es sich handelt – ich bin sicher, ich kann von ihnen lernen. Ein Punkt, der immer wieder als Voraussetzung für eine funktionierende Ehe genannt wird, ist, Respekt für den Partner zu haben und verzeihen zu können. Eine sehr gute Freundin von mir ist sehr glücklich in ihrer Ehe. Auf meine Frage nach ihrem Geheimnis verriet sie mir, ihr Mann und sie praktizierten, was sie „automatisches Vergeben" nennen. „Wenn einer von uns die Gefühle des anderen verletzt oder ihn wütend macht – und das passiert sehr oft, weil wir sehr feine Antennen füreinander haben –, dann wird sich aufgeregt, seinem Ärger Luft gemacht, ein kleiner oder großer Streit vom Zaun gebrochen, und dann wird die Geschichte vergessen – aus, vorbei." Das ist wahre Vergebung: an dem Gefühl, dass einem Unrecht zugefügt wurde, nicht festzuhalten, sich nicht daran zu berauschen, nicht als waidwunder Märtyrer durch die Gegend zu laufen.

Verzeihen heißt nicht auf seinem Recht beharren. Sie können Recht *haben* und es Ihren Partner wissen lassen, ohne es ihm wieder und wieder aufs Butterbrot zu schmieren. Vergessen Sie die Sache – kehren Sie zu dem zurück, was Sie verbindet. Meine Freundin sagt: „Ich versuche, mir ins Gedächtnis zu rufen, dass ich diesen Mann liebe, versuche, meinen Ärger zu besiegen und so schnell wie möglich zur Liebe zurückzufinden. Die Liebe ist, was zählt." Und ergänzt: „So bleibt man verheiratet statt wütend auf- und unglücklich miteinander." Ein kluger Rat, den Sie sich merken sollten. Üben Sie die Kunst der Vergebung, bevor Sie „Ich will" sagen.

Wichtig ist auch, dass Sie sich ausgetobt haben, eine tolle Zeit hatten, bevor Sie den Ehehafen ansteuern. Wenn Sie erst verheiratet sind, werden Sie zwar auch eine tolle Zeit haben, aber eine andere Art toller Zeit – wenn Sie wissen, was ich damit andeuten will. Genießen Sie Ihre Freiheit. Verbringen Sie so viel Zeit wie nötig damit, sich selbst kennen zu lernen, Ihre Wünsche, Ihre Bedürfnisse. Und dann halten Sie die Augen offen, um Ihrer großen Liebe zu begegnen – der Person, die Sie um Ihrer selbst willen liebt.

Übrigens sollten Sie umgekehrt Wert darauf legen, dass auch Sie Ihre große Liebe um ihrer selbst willen lieben. Die Chancen sind nämlich minimal (ungefähr eins zu einer Trilliarde), dass Sie Ihren

Partner verändern können. Partner ändern sich in den seltensten Fällen. Vor allem wird er nicht die Dinge verändern, die Sie am meisten stören und über die Sie sich besonders aufregen. Was sich sehr wohl mit der Zeit ändert, ist Ihre Bereitschaft, diese Dinge in Kauf zu nehmen. Und vergessen Sie nicht, Ihrem Partner Ihre Wünsche und Träume mitzuteilen, die Sie für sich persönlich und für Sie beide als Paar hegen. Sie sollten sich auf derselben Wellenlänge befinden, was Kinder, Geld, Glaube und Lebensstil betrifft.

Aber, bitte erwarten Sie nicht, dass Ihr künftiger Ehemann Ihnen *alles* bietet – *alle* dieselben Interessen hat, über *alle* Themen mit Ihnen reden will, über die Sie gern reden. Eine Person allein kann das unmöglich alles erfüllen. Ist Ihnen nie aufgefallen, dass das der Grund ist, weshalb Sie eine Fülle von Freunden haben? Freunde sind Menschen, die verschiedene Facetten und Interessen unseres Lebens widerspiegeln. Für mich sind das die anderen Mütter, meine Kollegen, die Diät-Lobby, die Klatsch-Abteilung, die Seelen-Schwestern. Ein handverlesenes Netzwerk, das ich für mich maßgeschneidert habe – und das umso unverzichtbarer für mich ist, als ich keine biologischen Schwestern habe. Sie helfen mir mit den Kindern, sagen mir, ich müsse nicht Superwoman spielen, warnen mich, wenn ich unehrlich zu mir bin, und brüllen mich an, weitere zweieinhalb Kilogramm abnehmen zu wollen sei Blödsinn. Freundinnen steuern bei, was in Ihrer Primärbeziehung zu kurz kommt, und kehren den Mist auf, den diese mitunter hinterlässt. Dafür sind Freundschaften da.

Meine eigene Erfahrung hat mir gezeigt, selbst wenn man diese Dinge vor der Eheschließung tut, braucht man trotzdem eine Portion Glück und 100 Prozent Engagement, damit die Sache funktioniert. Und selbst dann kann es sein, dass Ihre Ehe scheitert. Sollte das der Fall sein, bitte machen Sie sich keine Vorwürfe für den Rest Ihres Lebens. Besorgen Sie sich schnell jemanden, der Ihnen hilft, die Sache sauber über die Bühne zu bringen. Eine Freundin von mir war gerade in dieser traurigen Lage. Sie und ihr Mann verhielten sich sehr fair, indem sie das Interesse des Kindes an allererste Stelle setzten. Sie holten sich einen Mediator und sind heute gute Freunde, die elterliche Aufgaben, schöne Erlebnisse, Glücksmomente, Niedergeschlagenheit und Probleme miteinander teilen. Das Einzige, was sie nicht mehr teilen, ist das Bett.

Blicke ich auf mein eigenes Leben zurück, danke ich dem Herrgott, dass ich erst mit 30 geheiratet habe. Als ich meinen künftigen Mann traf, war ich 21 – gerade zwei Monate aus dem College heraus. Ich habe mich auf der Stelle in ihn verliebt. (Mehr dazu später.) Aber ich war noch unsicher, was ich mit meinem Leben anfangen wollte. Ich war unreif, unsicher und ängstlich, nicht stark genug zu sein, mit dem zurechtzukommen, was dieser Mann an Herausforderungen für mich bereithalten würde.

Je mehr ich beruflich vorankam, desto besser lernte ich mich selbst kennen und gewann mehr an Selbstvertrauen. Und je besser ich mich kennen lernte, desto mehr erfuhr auch er über meine Persönlichkeit. Im Lauf der Jahre beobachtete er, was wichtig ist für mich. Er verstand, dass ich extrem ehrgeizig bin, meine Familie mir alles bedeutet, der Glaube einen großen Teil meines Lebens ausmacht. Er erfuhr, dass ich gern rede, neugierig bin, sportlich, temperamentvoll, manchmal aufbrausend und gewohnt, meinen Kopf durchzusetzen. Mit anderen Worten: Er begriff, dass ich als Ehefrau ein ganz schöner Brocken sein würde. (Und ich hätte taub, blind und unglaublich dumm sein müssen, um nicht zu sehen, dass er selbst mehr als ein ganz schöner Brocken war!)

Trotzdem wollte er mich heiraten. Zu meinem Glück verlangte mein Mann nie von mir, ich solle mich ändern. Gewiss gab es Bemerkungen dahin gehend, ich solle langsamer treten, ich redete zu viel, ich sei ein Kontroll-Freak. Aber er verlangte nie, dass ich aufhörte, ich selbst zu sein. Und diesen Gefallen gebe ich zurück.

Ich praktiziere die Kunst der Vergebung, und er tut dasselbe. Etwas anderes bleibt uns nicht übrig. Es gibt eine Menge Dinge, bei denen mein Mann und ich nicht einer Meinung sind. Wehe, ich fange erst an mit der Aufzählung! Und ohne Zweifel wäre es einfacher gewesen, hätte ich den Jungen von nebenan oder wenigstens einen Amerikaner geheiratet. Aber das habe ich nicht. Ich verliebte mich in einen Burschen aus Österreich, der so ziemlich das Gegenteil von dem war, was ich mir eigentlich für mich vorgestellt hatte, aber ich hörte auf die Liebe. Ich hörte auf meinen Bauch – so weit, so gut.

Die Lektion

In meinen Jahren im Nachrichtengeschäft bekam ich sehr häufig mit, dass Kollegen sich scheiden ließen – und ich gebe zu, das machte mir Angst. Eine alles vereinnahmende Karriere lässt oft keinen Platz für einen Lebenspartner. Heute investiere ich viel Zeit in meine Ehe – achte auf sie. Das Band zu meinem Mann zu pflegen, unsere Beziehung zu nähren, ist für mich zu einer Priorität geworden. Bitte widmen Sie Ihrer Ehe alle Aufmerksamkeit, die sie verdient. Betrachten Sie sie nicht als selbstverständlich. Verbringen Sie, wann immer Sie können, Zeit miteinander – auch an Tagen, an denen Sie zunächst keine Lust dazu haben. Unser Leben ist so vollgeladen und hektisch, dass wir es uns nicht leisten können, Gelegenheiten zur intensiven Zweisamkeit ungenutzt zu lassen. Das ist der Aspekt „Arbeit" – sich Mühe geben, quality time *in den Alltag „einzubringen".*

9

Erwarten Sie von niemandem finanzielle Unterstützung

✧✧✧

Vielleicht haben Sie das Glück, dass Ihre Eltern reich sind. Oder Sie heiraten in eine wohlhabende Familie ein. Aber bitte verlassen Sie sich nicht darauf! Arbeiten Sie für Ihren Lebensunterhalt. Seien Sie finanziell unabhängig. Leben Sie im Rahmen Ihrer finanziellen Möglichkeiten. Nichts baut mehr Selbstbewusstsein und mehr Selbstwertgefühl auf.

Kann sein, dass Sie sich fragen, was das mit mir zu tun hat – oder mit Ihnen. Vielleicht sind Sie bis über beide Ohren verschuldet. Oder Sie arbeiten rund um die Uhr und machen obendrein noch eine Ausbildung. Sie sind gezwungen, mehrere Jobs parallel auszuüben, um ein ausreichendes Einkommen zu haben. Wenn das der Fall ist, ziehe ich meinen Hut vor Ihnen. Wenn Sie wollen, können Sie dieses Kapitel überspringen. Andererseits ist es nicht sehr lang, und es schadet Ihnen nicht, wenn Sie es trotzdem lesen.

Ich gehöre zu den Glücklichen, die von ihren Eltern das College bezahlt bekamen. Als ich mein Examen in der Tasche hatte, wusste ich, ich wollte arbeiten und ich musste arbeiten. Ich wusste aber auch, zumindest irgendwo im Hinterkopf, dass ich nicht verhungern würde, wenn ich keinen Job fände. Zufällig bringt meine Leidenschaft gutes Geld ein, und ich bin lange genug im Geschäft, um einen inzwischen großzügig dotierten Job zu haben. Wie ich meine Eltern kenne, denke ich unterdessen, sie hät-

ten mir in jedem Fall unter die Arme gegriffen, wäre
es mir nicht möglich gewesen, meine Rechnungen zu
bezahlen. Rückblickend bin ich froh, dass ich sie nie
um ihre Unterstützung bat. Stattdessen lernte ich
etwas sehr Wichtiges: dass ich für mich selbst sorgen
konnte.

Als ich zu arbeiten anfing, gingen die Leute davon aus, finanziell hätte ich das kaum nötig. Da ich
aus einer reichen Familie kam, so ihre Überlegung,
arbeitete ich bestimmt nur aus einer Laune, einer Art
Jux heraus. (Sie erinnern sich an den Nachrichtenintendanten in Philadelphia?) Nachdem ich geheiratet
hatte, wurde es noch schlimmer. Spätestens jetzt, wo
ich mir einen Mann geangelt hatte, der für mich sorgen konnte (und mehr als das), meinten fast alle,
würde ich meinen Job an den Nagel hängen, ja sie
rieten mir sogar dazu. Ich kann Ihnen gar nicht sagen, wie wütend mich das machte. Ich weiß noch,
wie ich sechs Monate nach meiner Hochzeit, als ich
nach dem Desaster bei *CBS Morning News* gerade
bei NBC angefangen hatte, einem bekannten Agenten über den Weg lief. Er fragte mich, wie es mir in
dem neuen Sender erginge, um dann kopfschüttelnd
zu sagen: „Warum gibst du dich überhaupt mit diesem ganzen Mist ab? Du hast einen reichen Mann
geheiratet! Ruh` dich einfach aus, genieße, setz` ein
paar Kinder in die Welt und mach` dir ein schönes
Leben." Am liebsten hätte ich ihm eins verpasst.
Heute bin ich allerdings froh, dass ich mir das ver-
kniffen habe, denn er war nicht der Letzte, der mir
auf diese Tour kam, und ich konnte mich schließlich
nicht mit allen anlegen.

Ich habe nicht geheiratet, um meinem Mann auf der Tasche zu liegen oder mir von seinem Geld einen schönen Lenz zu machen. Genauso wenig habe ich mich für das TV-Business entschieden, weil man da viel Geld verdient. Zumal die Honorare damals, als ich anfing, mit den heutigen gar nicht zu vergleichen waren. Ich arbeite, weil ich meine Arbeit liebe, und ich liebe es, mein eigenes Geld zu verdienen. Die Gewissheit, finanziell zurechtzukommen, gibt mir ein Gefühl der Stärke und Unabhängigkeit. Zu wissen, man ist finanziell unabhängig, ist ein Schlüssel für mehr emotionale Unabhängigkeit.

Was ich bedaure ist, dass ich mir nie die Zeit genommen habe, mich auf dem Finanzsektor schlau zu machen. Mein Rat: Begehen Sie nicht den gleichen Fehler wie ich. Ich habe nie viele Gedanken darauf verschwendet, was aus dem Geld wurde, das ich verdiente. Die meisten meiner Mitstudentinnen sprachen nicht über Geld. Entweder wir hatten welches oder wir hatten keins. Jedenfalls dachten wir nicht großartig darüber nach. Ich war nie sehr gut in Mathematik, und so nahm ich wohl an, irgendein männliches Wesen würde früher oder später meine finanziellen Angelegenheiten in die Hand nehmen oder sie würden sich auf wundersame Weise von selbst regeln. Das war ein großer Fehler, den ich bestimmt kein zweites Mal machen würde, hätte ich die Chance, noch einmal von vorn zu beginnen. Ich würde von Anfang an Wert darauf legen, dass ich genauso viel Zeit damit verbringe, meine Finanzen in Ordnung zu halten, wie damit, die Karriereleiter zu erklimmen.

In der heutigen modernen Zeit ist es ein riesiger Fehler, dumm zu bleiben, was das Thema Finanzen betrifft. Was nutzt es Ihnen, viel Geld zu verdienen, wenn Sie nicht wissen, was Sie damit anstellen sollen, außer es auszugeben? Eine Freundin von mir, die mehr Geld verdient hat als man sich vorstellen kann, verriet mir einen tollen Tipp, den sie zu Beginn ihrer Karriere von einem betagten Star-Entertainer bekam. Er riet ihr, egal, wie viel Vermögen sie anhäufen würde, stets mit Adleraugen zu überprüfen, wo jeder Cent und jeder Scheck hinging. Dadurch würde sie clever und wachsam im Umgang mit Geld und wäre sich immer bewusst, ob die Art und Weise, wie sie es ausgab, dem entsprach, was sie eigentlich damit vorhatte.

Jetzt, wo ich gutes Geld verdiene, ist es eine echte Herausforderung für mich, es richtig anzulegen. Ich versuche, mich nach und nach besser auszukennen mit Kapitalanlagen, Immobiliengeschäften, Geldmärkten, Wertpapieren, Investmentfonds – und was es sonst noch alles gibt. Ich bemühe mich, Versäumtes auf einem Sektor nachzuholen, der sich so rasend schnell bewegt und verändert, dass es schwierig ist, nicht das Gefühl zu haben, ständig um Längen hinterherzuhinken. Ich bezweifle, ob ich es jemals schaffen werde, hier wirkliche Kompetenz zu erlangen – und das wurmt mich ungeheuer.

Seien Sie klüger als ich – diese Bitte richte ich speziell an meine weiblichen Leserinnen. Verlassen Sie sich nicht darauf, dass ein Mann Ihre Finanzen für Sie regelt. Auch wenn Sie Ihre Berufstätigkeit vorübergehend oder ganz aufgeben, um „nur" Hausfrau und Mutter zu sein – der härteste unbezahlte

Job, den es gibt, aber davon fange ich besser gar nicht erst an! –, sollten Sie sich weiter informieren. Sie können nie wissen, ob das Leben Ihnen womöglich übel mitspielt und Sie in eine Situation geraten, in der Sie wissen müssen, wie Sie allein zurechtkommen können. Und glauben Sie mir, es dauert eine Weile, bis man sich mit finanziellen Dingen gut auskennt, und die Experten, die uns informieren, gehen mit uns Unwissenden nicht immer sehr geduldig um. Mein Rat: Werden Sie Ihr eigener Finanzmanager. Und sprechen Sie in Ihrer Beziehung offen über Geldangelegenheiten.

Ich kann mehr als zufrieden sein, aber, wie Sie alle wissen, ist mein Verdienst gering im Vergleich zu dem, was mein Mann nach Hause bringt. Er behauptet, er hätte deshalb nicht mehr Macht in unserer Ehe, aber ich denke, das stimmt nicht. Ich will ihn nicht um Geld bitten und tue es auch nicht. Vermutlich klingt das verrückt, aber ich stehe zu meinem Tick. Er ist unglaublich freigiebig und spricht immer von „unserem Geld", doch mir gefällt es einfach, zu wissen, dass auch ich fähig bin, meinen Beitrag zu leisten. Ich wünschte nur, ich wäre in finanziellen Dingen so gewieft wie er.

Ebenfalls ein wichtiger Punkt: In nicht allzu ferner Zukunft mag irgendwann der Zeitpunkt kommen, wo Sie Ihren Eltern finanziell helfen möchten oder müssen. Wenn Sie jetzt klug mit Ihren Geldmitteln wirtschaften, sich richtig ins Zeug legen und vielleicht das berühmte Quentchen Glück haben, werden Sie später in der Lage sein, Ihren Eltern unter die Arme zu greifen.

Ein letztes Anliegen: Obwohl Sie das im Moment vermutlich nicht so sehen, wette ich mit Ihnen, dass Sie nicht *alles* Geld, das Sie jeden Monat nach Hause tragen, bis auf den letzten Cent brauchen. Bestimmt könnten Sie hin und wieder einen kleinen Teil Ihres Einkommens für wohltätige Zwecke spenden. Ich bewundere den bekannten Sportagenten, der nur solche Spieler unter Vertrag nimmt, die sich verpflichten, zehn Prozent ihres Einkommens an Wohltätigkeitsorganisationen fließen zu lassen. Genauso bewundere ich die junge Frau, die meine Kinder betreut. Sie ist Mormonin und gibt, seitdem sie ihr eigenes Geld verdient, zehn Prozent an ihre Kirche ab – tut es einfach, ohne sich Gedanken zu machen, ganz und gar selbstverständlich. Nicht nur ihr, auch den vielen anderen jungen Menschen, die sich von Anfang ihres Erwachsenenlebens an in Herzensgüte und Nächstenliebe üben, gebührt mein tiefster Respekt. Ich bin sicher, für ihre Selbstlosigkeit und ihr Engagement werden sie mit spirituellen Gaben hundertfach belohnt – mit Dankbarkeit, Selbstliebe, Seelenfrieden.

Die Lektion

Geld eröffnet Optionen, aber nur solange Sie es nicht unüberlegt verplempern. Passen Sie auf, wo Ihr Geld hinfließt, damit es Ihnen helfen kann, sich in die Richtung zu bewegen, in die Sie streben. Und vergessen Sie nicht: Auch wenn Sie niemals alles *haben werden, tut es der Seele gut, etwas* von dem, das Sie *haben, an andere weiterzugeben.*

10

Lachen

✧✧✧

Lachen ist unverzichtbar. Es ist zwar der letzte Punkt auf meiner Liste, aber ohne Lachen wären die ersten neun nicht machbar. Das Leben verläuft nicht gerade und glatt; die Umwege und Talsohlen überleben Sie, indem Sie über sie – und über sich selbst – lachen.

Die Leute fragen mich immer, was mich an meinem Mann angezogen hat. Es war sein Sinn für Humor. Befolgen Sie meinen Rat und wählen Sie Ihren Partner nicht nur der Lust wegen, sondern auch wegen des Lachens aus. Glauben Sie mir: Sie brauchen Humor später viel nötiger als Geld, einen tollen Job, schicke Klamotten, ja sogar nötiger als die Traumfigur.

An dem Tag, an dem ich Arnold Schwarzenegger zum ersten Mal begegnete, sagte er etwas vollkommen Respektloses und, wie ich fand, Erfrischendes zu meiner Mutter. Sie müssen wissen, dass alle Welt eine Heidenehrfurcht und Angst vor meiner Mutter hat. Aber als er ihr vorgestellt wurde, meinte er breit grinsend: „Ihre Tochter hat einen klasse Hintern!" Keine Ahnung, wieso man ihm solche Sachen durchgehen lässt, meine Mutter jedenfalls schüttelte sich vor Lachen.

Das war bei einem VIP-Tennisturnier vor über 20 Jahren. Berühmt war er damals noch nicht, aber eine Art Kultfigur. Mein Bruder meinte, es wäre originell, diesen erstaunlichen Profi-Bodybuilder gegen die

Tennis-Profis antreten zu lassen. Arnold amüsierte sich prächtig. Ständig nahm er sich selbst auf die Schippe – seinen breiten Akzent, die europäische Art, sich zu kleiden, sein fehlendes Tennistalent. Ich lachte so doll, dass ich mich in ihn verliebte.

Alle, die ich kannte, waren sicher, dass ich einfach nur eine rebellische Phase durchmachte, verknallt war in seine Andersartigkeit. Ich wusste nur: Wann immer wir zusammen waren, hatten wir unheimlich viel Spaß miteinander. Er war klug, ehrgeizig, lernbegierig, und er half mir, mich selbst, mein Erbe, mein „Schicksal" weit weniger ernst zu nehmen. Inzwischen sind wir 22 Jahre zusammen. Natürlich hatten wir nicht nur Spaß miteinander, weil das Leben nicht nur spaßig ist, aber ich kann aufrichtig sagen, dass niemand mich mehr zum Lachen bringt als er. Niemand, den ich sonst kenne, hat so eine Einstellung zum Leben wie er. Wenn es heute Situationen gibt, in denen der Druck übermächtig erscheint und er sich über irgendwelche Dinge, Rückschläge oder Pannen aufregt – und das tut er oft –, provoziere ich ihn, indem ich sage: „Hey, wo bleibt dein Sinn für Humor? Ich kann nicht glauben, dass du mich nicht zum Lachen bringst wegen dieser Sache." Gewöhnlich versteht er den Wink und beruhigt sich wieder.

Ich kenne niemanden, der mehr Spaß im Leben hat als mein Mann. Er arbeitet wie ein Besessener, aber dann besitzt er diese wunderbare Fähigkeit, von einer Minute auf die andere abzuschalten und seine Freizeit zu genießen. Er umgibt sich mit Freunden, die ihn zum Lachen bringen (meistens „echte" Kerle, die sich ausschütten über Macho-Witze, die ich nicht kapiere), und taucht ein in die vielen Hobbys, die er so liebt. Ich gebe zu, mir bereitet es diebischen Spaß, ihn wegen seiner Hobbys aufzuziehen – Motorrad fahren mit den Jungs, Billard spielen mit den Jungs, Zigarren rauchen mit den Jungs, Ski fahren und Berg steigen mit den Jungs und seit neuestem auch das unvermeidliche Golfspielen mit den Jungs. Ich sage ihm, alle diese Dinge nähmen ihn mir weg und sein Verhalten sei selbstsüchtig. (Als sei es erstrebenswert, zu zweit gelangweilt oder missgelaunt zu sein.) Ich versetze ihm kleine Nadelstiche, wenn ich feststelle, der Grund, warum er ungestört seinen Hobbys frönen könne, sei der, dass ich und die Kinder zu Hause die Stellung halten.

In Wahrheit mache ich meinem Mann nur das Leben schwer, weil ich neidisch bin, dass er es geschafft hat, sich haufenweise Gelegenheiten zum Lachen zu bewahren. Er hat es besser im Griff, seine Zeit zu managen und Nein zu sagen zu Sachen, die er nicht machen will. (Damit haben die meisten Frauen ein Problem.) Tatsache ist: Ich kenne wesentlich mehr Männer als Frauen, denen es gelingt, sich Zeit für sich zu „stehlen".

So sieht es jedenfalls die weibliche Propaganda. Hier die Wahrheit über Frauen: Wir haben unser eigenes heimliches Hobby, und das ist, uns Zeit zum Miteinanderreden zu stehlen. Gedanken austauschen, plaudern, plauschen, klönen, quatschen, klatschen, diskutieren, kommunizieren – wie immer man es nennen will: Es zählt zu unseren liebsten Vergnügungen, auf die zu verzichten uns nie in den Sinn käme. Freundinnen bringen einander zum Lachen. Wir lachen über uns, unseren Alltag, unsere Frustra-

tionen. Wir lachen über unsere Kinder. Aber haupt-
sächlich und am meisten lachen wir über unsere
Männer – wie sie über grüne Rasenflächen stolzieren,
sich von einem kleinen weißen Ball terrorisieren lassen und sich schmutzige Witze erzählen.

Lachen erfüllt unser Leben mit Freude. Glauben
Sie mir, wenn ich Ihnen sage, ich kenne so viele
Leute in meinem Alter – nicht so alt! –, denen die
Freude in ihrem Leben abhanden gekommen ist. Und
ich rede gar nicht einmal von Schicksalsschlägen und
Tragödien, die alle von uns treffen können. Die Last
der täglichen Pflichten und Verantwortung nimmt
schleichend Besitz von uns, laugt uns aus, macht uns
stockernst, raubt uns das Lachen und die Freude.
Das höre ich von Leuten meines Alters immer wieder. Sie sagen: „Ich habe keinen Spaß mehr. Ich kann
mich nicht mehr erinnern, wann ich das letzte Mal
gelacht habe, bis mir die Tränen kamen. Wann ich
mich zum letzten Mal richtig frei fühlte." Sie haben
ihre Lebensfreude verloren.

Erinnern Sie sich an das erste Kapitel: „Entdecken Sie Ihre Leidenschaft"? Darin sagte ich, ein
Punkt, der half, meine Leidenschaft für das Nachrichtengeschäft zu wecken, war der Spaß, den die
Journalisten im hinteren Teil des Wahlkampagnen-
Fliegers hatten. Ich hoffe, dass es an Ihrem Arbeits-
platz Leute gibt, die Sie zum Lachen bringen. Ich
hoffe, Sie erkennen den Humor in den Situationen,
die sich ergeben, während Sie die Karriereleiter em-
porklettern.

Meine erste Produktionsleiterin bei *CBS News*,
meine Mentorin, ist Ihnen bestimmt auch noch im
Gedächtnis. Ich habe geschildert, wie spleenig sie

war, jedoch, so befürchte ich, ihren Sinn für Humor nicht genügend erwähnt. Oder ihr Lachen. Sie hat das lauteste, dröhnendste Lachen, das Sie sich vorstellen können. Je verrückter die Situation, desto lustiger macht sie sie. Wir haben während unserer Zusammenarbeit so viel gelacht, dass unser alter Kameramann – der mir bei meiner flammenden Polit-Rede damals in Orange County die Leviten lies – uns die Cartoon-Spitznamen Fluffy und Flako gab. Wir kamen nie dahinter, wer wer war, und auch das fanden wir komisch.

Anlass zum Lachen hatten wir häufig. Nur ein Beispiel: Wir befanden uns inmitten einer Massenankunft von Kameras und Reportern – von unserer Branche, zu meiner Beschämung, „Rudelbumsen" (amerik.: „gang-bang") genannt – beim Filmfestival in Cannes. Die europäische Presse war hinter Robert De Niro her, der keine Lust auf ein Interview hatte. Meine Produktionsleiterin fürchtete, von der Menge erdrückt zu werden – „obendrein für ein läppisches Entertainment-Topic, du meine Güte." Schließlich wollte sie aus mir eine nüchtern-strenge Nachrichten-Domina machen, und das war Jahre vor O. J. Simpson, Lady Di und Monica Lewinsky. Aber dann packte uns der Sportsgeist, wir schubsten, drängelten und schoben, bis ich mich am Ende auf allen vieren unter einem Tisch befand und direkt neben De Niro aus der Versenkung auftauchte. Meine Produktionsleiterin hielt die Kamera voll auf De Niros Gesicht und stellte ihm die dümmlichste Frage, die ich je aus ihrem Mund gehört hatte: „Was sagen Sie: Gefällt Ihnen Ihr Film?" Wir prusteten beide laut los. (De Niro blieb ernst.) Die ganze Sache war uns so pein-

lich, dass wir sie mit tosendem Gelächter ungesche-
hen machen wollten. Lachen Sie über sich, wenn Sie
etwas Dummes oder Blamables tun – speziell, wenn
es sich um Ihre letzte Chance zu lachen an diesem
Tag handelt.

Ich habe mich durch meine Höhen und Tiefen im
Nachrichtengeschäft gelacht. Habe vor der Kamera
gelacht, wenn ich das nicht hätte tun sollen. Als ich
zum ersten Mal die *CBS Morning News* moderierte,
eine Art Generalprobe, war ich so nervös, dass ich
die letzten Minuten vor Sendebeginn mit Trocken-
würgen auf der Toilette verbrachte. (Was ist das bloß
mit meinem Magen?) Ich hatte keine Ahnung vom
Moderieren, und natürlich – typisch Nachrichtengeschäft! – hatte mir auch keiner gesagt, wie man es
angeht. Ich sollte die Sendung eröffnen. Die Top-
Themen waren auf einem Trailerband zusammenge-
fasst, und ich sollte die Schlagzeilen zu den Bildern
vorlesen. Leider war ich so nervös, dass ich die Zeilen mit einem Affenzahn herunterspulte, ohne auf
die Bilder zu achten. Das Resultat: Ich war viel zu
früh fertig. Als ich die tonlos auf dem Monitor lau-
fenden Bilder sah, brach ich in unkontrolliertes Lachen aus. *Live on air.* (Zu stören schien das niemanden, sonst hätten sie mich wohl kaum eingestellt.
Was wiederum bezeichnend ist.)

Einmal wurde unser renommierter Nahost-
Korrespondent zu mir ins Studio zugeschaltet. Ich
sollte ihn zu einer Krise befragen, die in diesem Teil
der Welt entbrannt war. In der Werbepause vor dem
Interview bat ich ihn, wenn wir fertig seien, schnell
aus dem Bild zu verschwinden, damit direkt zum
nächsten Segment übergeleitet werden könnte. Er

erfüllte meine Bitte. Ich hatte das Interview gerade beendet und mich für die nächste Einstellung zur zweiten Kamera gedreht, als ich aus dem Augenwinkel heraus mitbekam, wie dieser angesehene, ehrwürdige Kriegskorrespondent auf Händen und Knien aus dem Set krabbelte. Prompt musste ich schallend lachen und konnte lange nicht damit aufhören.

Ich habe unzählige Erinnerungen, die mich zum Lachen reizen. Zurück nach Kuba. Ich weiß noch, als ich zum ersten Mal dort war, stand ich neben Castro, der in Maschinengewehr-Spanisch Zeter und Mordio schrie, weil *NBC Nightly News* eine Woche zuvor über einen kubanischen Behelfsflugplatz, einen Umschlagplatz für Drogengeschäfte, berichtet hatte. Ich musste mir das Lachen sehr verkneifen. Die Situation war einfach zu grotesk: Eine verfallene Bruchbude in Havanna und ein Staatsoberhaupt, in Tarnanzug und hochhackigen Kampfstiefeln, der *mich* zur Schnecke machte in einer Sprache, von der ich kein Wort verstand, wegen redaktioneller Entscheidungen, die mehr als 1.000 Kilometer entfernt – und ohne mein Zutun – im Rockefeller Center in New York gefällt worden waren. Ich weiß nicht, ob ich lachen wollte, weil ich die Sache so witzig fand oder eher um die Atmosphäre zu entkrampfen. Und es entfuhr mir in der Tat ein Lachen. Ich sage nur eins: Sollten Sie sich je in einer ähnlichen Situation befinden, rate ich Ihnen, reißen Sie sich zusammen.

Ich habe Glück gehabt, indem ich mit vielen witzigen Kollegen zusammenarbeiten durfte. Sie mögen nicht immer wissen, dass sie witzig sind, aber generell haben die Leute in meiner Sparte sehr viel Humor. Glauben Sie mir: Wenn Sie ständig unter Termindruck stehen, live von Verbrechensschauplätzen, Parteizusammenkünften oder Strafprozessen berichten, sich im Wettlauf gegen die blitzschnelle Konkurrenz aufreiben, permanent versuchen, das Unmögliche in einem unmöglichen Zeitrahmen zu schaffen, brauchen Sie Leute um sich, die lachen können. Denn sonst wird alles so verdammt sterbensernst, dass einem schlecht werden kann davon.

Ich habe mich gefragt, wo ich gelernt habe, einerseits so zielstrebig und ehrgeizig zu sein und auf der anderen Seite so bereitwillig und gern über mich zu lachen. Ich denke, das ist das Verdienst meiner Mutter.

Meine Mutter machte mir von Anfang an klar, diese Welt sei eine Welt der Männer und es habe keinen Zweck, sich darüber zu beklagen. Als ich klein war, stachelte sie mich an, all das zu tun, was meine Brüder taten. „Mach einfach mit, Maria. Geh hin und mach mit!" Sie sorgte dafür, dass ich beim Football mitmachte, wo außer mir nur Jungs spielten – egal, wie wenig begeistert die waren. Letztlich überließ sie die Entscheidung darüber, ob ich spielen wollte oder nicht, mir. Sie sagte nur: „Mach mit, Maria. Geh hin und spiel mit ihnen." Und das tat ich. Lange Zeit warfen meine Brüder mir nie den Football zu. Sie sprachen nicht einmal während des Spieles mit mir, ignorierten mich komplett. Das Einzige, was sie taten, war, mir zu erklären, ich spielte in der Center-Position. Was bedeutete, ich musste den Ball durch meine Beine an einen Bruder weitergeben, der ihn daraufhin ins Spiel brachte. Das gefiel ihnen, weil sie mich verspotten konnten, wenn ich dabei meinen

Po in die Luft reckte. Das eigentliche Spiel rauschte an mir vorbei, aber egal – meine Mutter meinte, ich sei mit von der Partie und nur darauf käme es an. Nach, wie es mir vorkam, mehreren Jahren passiven Football-Spieles geschah das Unglaubliche: Sie warfen mir den Ball zu und rissen mich, wie es das Spiel verlangte, zu Boden. Endlich! Offen gestanden, war es nicht viel anders, als wenn sie sich im Pulk auf mich warfen und mich kitzelten, bis mir die Tränen kamen – doch ich spielte Football! Im Vergleich zu ihnen war ich so miserabel, dass ich über mich selbst lachen musste. Sie lachten sowieso! Und so wuchs ich auf mit dieser Stimme im Ohr – „Mach einfach mit, Maria. Geh hin und mach mit! – , zu dem sich ein Lachen gesellte – mein eigenes Lachen, weil ich mich getraut hatte. Die Lektion, die ich lernte, war, was ich *tue*, ernst zu nehmen, weniger *mich* selbst.

Wenn Sie einmal Zeit und Muße haben, schreiben Sie auf, was Ihnen Freude im Leben bereitet hat. Was taten Sie, das Sie besonders glücklich machte? Woran hatten Sie Spaß? Worüber mussten Sie lachen, bis Ihnen die Tränen über die Wangen liefen? Bewahren Sie diese Liste auf und betrachten Sie sie alle zwei Jahre. Sie werden überrascht sein, wie schnell Sie vergessen, diese Dinge zu tun, vor lauter Bestreben, vorwärts zu kommen, und blockiert sind, weil Sie sich selbst zu wichtig nehmen. Sobald Sie das Gefühl haben, das Lachen kommt zu kurz in Ihrem Leben, tun sie eins der Dinge auf Ihrer Liste. Holen Sie die Freude und die Fröhlichkeit in Ihr Leben zurück.

Etwas Ähnliches tat ich letztes Jahr. Mir kam es vor, als vermisste ich den Spaß und die Ungezwungenheit, die ich mit Mitte 20 empfand. Also setzte ich mich hin und überlegte, was ich damals tat, das mir diese positiven Gefühle vermittelte. Was veranlasste mich zum Lachen und Ausgelassensein? Ehrlich gesagt, könnte ich einige dieser Dinge heute nicht mehr tun – die Details erspare ich Ihnen. Aber ich erinnerte mich zum Beispiel an den Spaß, den ich beim Sporttreiben hatte. So fing ich an, mit meinen Kindern Tennis zu spielen und Rad zu fahren. Und ich erinnerte mich, wie viel ich lachte, wenn ich mit meinen Brüdern und Vettern zusammen war. Seitdem reservieren wir jeden Sommer eine Woche für einen Familienurlaub an der Ostküste, wo ich aufgewachsen bin. Von dieser einen Woche des Lachens und der Beschwingtheit zehrt meine Seele ein ganzes Jahr. Und statt die Einladung wie gewöhnlich in den Papierkorb zu werfen, ging ich tatsächlich zu meinem Highschool-Klassentreffen und lachte mit alten Freundinnen über gemeinsame Erinnerungen. Und ich versuche, mich wieder zu mehr Demut zu erziehen. Mein Eindruck ist: Wenn ich ein genaues Bild von mir selbst habe – und akzeptiere und anerkenne, wo ich in meinem Leben stehe und was ich mir für die Zukunft wünsche –, profitiere ich damit von dieser Perspektive und der damit zusammenhängenden Einstellung, die es mir erlaubt, mein Leben zu genießen, Spaß zu haben und herzhaft zu lachen.

Die Lektion

Hätte man mir als kleines Mädchen gesagt, ich würde einen österreichischen Bodybuilder – einen Repu-

blikaner noch dazu – heiraten, der als „Conan, der Barbar" seinen großen filmischen Durchbruch hatte, ich hätte lauthals gelacht. Aber genau das passierte, und ich lache noch immer. Liebe und Lachen sind die Dinge, die Sie am meisten brauchen im Leben. Sie füllen die Schlaglöcher aus, die Ihnen auf Ihrer Reise begegnen.

Das war meine Top-Ten-Liste der Dinge, die ich damals gern gewusst hätte – der Frontbericht einer College-Absolventin über den täglichen Kampf in der rauen realen Welt.

Ich wünschte, ich könnte Ihnen allen erzählen, dass Sie Ruhm und Vollkommenheit erzielen werden bei allem, was Sie tun. Lassen Sie mich die erste sein, die Ihnen sagt – kann sein, dass das nicht klappt. Aber Sie können Glück und ein reiches Leben erzielen, indem Sie sich Zeit lassen, die Dinge behutsam angehen und sich hin und wieder hinknien, um Gott zu danken für das, was er Ihnen schenkte, und ihn um den Glauben und die Liebe, die Anleitung und die Demut zu bitten, die wir alle brauchen, um dieses Leben zu meistern.

Wenn Sie heute das College verlassen und mit dem Rest Ihres Lebens beginnen, weiß ich, Sie fragen sich, ob das mulmige Gefühl in Ihrem Magen Aufregung ist oder nackte Angst vor der Zukunft. Ich fürchte, es ist Angst. Angst vor dem Unbekannten und Angst vor dem Versagen – in der Liebe und im Leben. Es ist in Ordnung und vollkommen normal und natürlich, Angst zu haben vor dem, was hinter der nächsten Ecke lauert. Aber bitte lassen Sie sich dadurch niemals abhalten, nachzusehen, *was wirklich hinter der Ecke auf Sie wartet.*

Sie alle sind einzigartige, begabte, unverwüstliche Individuen, mit der Kraft, Ihr Leben so zu leben, wie es Ihnen vorschwebt. Ihre Aufgabe ist es, Ihre Zukunft zu gestalten, Ihr Schicksal in die Hand zu nehmen. Dies ist ein phantastischer Wendepunkt in Ihrem Leben, prallvoll mit Möglichkeiten. Versuchen Sie, dieses Gefühl der unbegrenzten Möglichkeiten so lange wie möglich aufrechtzuhalten. Wann immer Sie glauben, es wird schwächer, hauchen Sie ihm neues Leben ein. Das ist ein Geschenk, das Sie sich selbst machen können. Sie verdienen es, ein inspiriertes Leben zu führen.

Eine weise Person sagte einmal zu mir, Mut habe, wer mit Glauben durch seine Angst gehe. Ich wünsche Ihnen allen den Glauben und den Mut, Ihre Leidenschaft zu entdecken und auszuleben. Jetzt nichts wie raus in die Welt – seien Sie frei und gehen Sie Ihren Weg. Herzlichen Glückwunsch.

Nachwort

Ich hielt diese Rede und schrieb dieses Buch, um Ihnen einiges zu ersparen. Damit meine ich nicht das Erlernen der Lektionen, die ich erlernen musste. Das kann Ihnen niemand ersparen, denn das Lernen ist eine Erfahrung, die jeder für sich machen muss. Wie eine weise Person – übrigens dieselbe weise Person wie zuvor – mir einst sagte: „Selbst wenn ich dir den Schmerz ersparen könnte, den du momentan fühlst, täte ich es nicht – denn ich würde dich nicht um die Kraft und Weisheit bringen wollen, die du erlangst, wenn du dieses Tal durchschreitest und gestärkt daraus hervorgehst."

Was ich Ihnen ersparen möchte, ist die Einsamkeit und die Scham, die ich empfand. Ich dachte, ich sei die einzige Person auf Gottes Erde, die immer wieder ganz unten anfing. Ich dachte, ich sei die Einzige, die jemals gescheitert war. Die Einzige, die nicht Superwoman ist. Ich hoffe, Sie wissen jetzt: Solche Dinge passieren. Sie sind vollkommen *normal*. Wenn Sie Niederlagen, Ablehnung oder Enttäuschung verkraften müssen, können Sie sich sagen: „Ich bin nicht gegen eine Betonwand gefahren. Das war nur eine kleine Bodenwelle." Sie stecken sie weg und setzen Ihren Weg fort. Das jedenfalls tat ich, und diese Botschaft, hoffe ich, vermittelt dieses Buch: Wenn ich es kann, können Sie es auch.

Jeder Mensch hat seine eigenen Tragödien. Wenn Sie klug sind und Ihre Augen und Ohren offen halten, hören Sie Geschichten von Leuten, die Unvorstellbares verkraftet, die überlebt und ihr Schicksal bewältigt haben, trotz des Verlustes geliebter Menschen, trotz Krankheit, Scheidung, Bankrott, Suchtproblemen oder sonstigen Prüfungen. „Wenn sie es können, kann ich es auch."

Nachdem ich die Rede gehalten hatte, fielen mir noch eine Reihe anderer Dinge ein, die ich für mein Leben gern gewusst hätte, als ich das College verließ:

> Ich wünschte, ich hätte gewusst, dass eine pompöse, kostspielige Hochzeit eine unsinnige Verschwendung von Zeit und Geld ist – und von Angstschweiß.

> Ich wünschte, ich hätte gewusst, wie leicht der Kontakt zu College-Freunden abbricht. Im Nu sind 20 Jahre vorbei, und man hat seine Freunde aus den Augen verloren. Verhindern Sie, das es Ihnen genauso ergeht.

> Ich wünschte, ich hätte gewusst, dass Computer einmal die Welt regieren würden. Ich hätte früher versucht, sie mir untertan zu machen.

> Ich wünschte, ich hätte gewusst, wie kreativ, unverzichtbar und regelmäßig Sex sein müsste. Und mit Sicherheit ahnte ich nie, wie viel ich einmal über dieses Thema reden würde.

> Ich wünschte, ich hätte gewusst, wie schnell die Karriere unser Leben mit Beschlag belegt. Ich stürzte mich in meine, sofort nachdem ich mit dem College fertig war. Im Nachhinein wünschte ich, ich hätte ein Jahr Pause gemacht, in dem ich einfach nur meine Jugend genossen hätte – ein Jahr ohne Verpflichtungen, ohne Termine, ohne

Ziele. Sobald Sie angefangen haben, Ihren Weg zu gehen, ist es mit dieser Sorglosigkeit vorbei.

➤ Ich wünschte, ich hätte gewusst, wie wichtig meine Gesundheit sein würde. Dann hätte ich früher besser darauf geachtet. Jetzt, wo wir wissen, dass wir uns noch im Alter von 40, 50 oder noch mehr Jahren lernen, wachsen und entwickeln können, ist es sträflich, unsere Körper durch Vernachlässigung oder Missbrauch degenerieren zu lassen.

➤ Ich wünschte, ich hätte früher von der Bewegung „simplicity movement" erfahren. Dahinter verbirgt sich eine Gruppe sehr weiser Menschen, die ein Leben nach dem Motto „zurück zur Einfachheit" anstreben, indem sie sich an einen ruhigen Ort zurückziehen und überlegen, was wirklich wichtig für sie ist, und dann den überschüssigen Ballast abwerfen. (Vielleicht konnte ich das aber auch erst, nachdem ich mein Leben so überfrachtet hatte, dass ein Großreinemachen unumgänglich geworden war.)

➤ Ich wünschte, ich hätte früher gelernt, *nein* zu sagen. Mir ist aufgefallen, dass wirklich kluge Leute sich nicht mit Schuldgefühlen belasten. Es macht ihnen nichts aus, zu sagen: „Nein, das kann ich nicht auch noch tun." Sie managen ihre Zeit sehr gut. Sie tun nicht *alles*, aber was sie machen, machen sie sehr gut. Das ist heute mein Ziel.

➤ Ich wünschte, ich hätte gewusst, welch transformierende Kraft die Liebe besitzt, die Eltern für ihr Kind empfinden. Ich wäre meinen Eltern gern ein anderes Kind gewesen – herzlicher, lieber, offener, eher bereit, Dinge mit ihnen zu teilen. In meiner Selbstsuche habe ich mich zu schnell und zu leichtfertig von ihnen abgewendet. Heute weiß ich, wie sehr Kinder die Gefühle ihrer Eltern verletzen können. (Neulich meinte meine jüngere Tochter zu mir: „Mami, du musst jetzt deine eigenen Spielverabredungen treffen, wir haben in letzter Zeit zu viel mit dir gespielt. Wir wollen mehr mit unseren Freunden spielen!" Das öffnete mir schlagartig die Augen.)

➢ Ich wünschte, ich hätte ferner gewusst, wie schwer es für meine Eltern gewesen sein muss, zuzusehen, wie ich heiratete und mehr als 5.000 Kilometer weit weg zog. Ich bereite mich schon jetzt darauf vor, es mit Liebe, Großmut und Selbstlosigkeit zu akzeptieren, wenn eines meiner Kinder mir eines Tages Ähnliches antut.

➢ Ich wünschte, ich hätte meine Eltern gekannt, als sie jung waren. Ich lernte diese beiden außergewöhnlichen Menschen erst kennen, nachdem ihr Leben bereits zur Hälfte hinter ihnen lag. Wie gern hätte ich sie erlebt, bevor sie uns Kinder am Hals hatten!

➢ Ich wünschte, ich hätte gewusst, dass meine vier Brüder später meine besten Freunde würden. Ich hätte mich weniger mit ihnen gezankt und geprügelt, als wir klein waren, sie seltener aus meinem Zimmer gescheucht, nicht so oft ignoriert und übergangen. Heute sind sie *nicht* nur ein Foto an der Wand, sondern ein unverzichtbarer Teil meines Lebens – immer für mich da. Ihre Liebe ist für mich nicht selbstverständlich. Wir haben bewusst und intensiv daran gearbeitet, uns, separat von dem Verhältnis zu unseren Eltern, jeweils eigene Beziehungen aufzubauen. Diese werden immer wichtiger, je älter wir werden. So haben wir ein Ritual, uns zweimal im Jahr, nur wir fünf, an einen Tisch zu setzen, herauszufinden, wo wir im Leben stehen und wie es uns *wirklich* geht, einfach füreinander *da zu sein*. Die Bindung zu meiner Familie, im Erwachsenenalter genährt, ist das Rückgrat meines Lebens, von dem alles andere abhängt.

➢ Ich wünschte, ich hätte früher in meinem Leben gewusst, wie wichtig es ist, „Ich liebe dich" zu sagen. Sie würden staunen, wie viele Leute nicht wirklich wissen, wie sehr sie geliebt werden. Ich habe gelernt, diese drei Worte zu sagen – zu meinen Kindern, meinem Mann, meinen Eltern, meinen Brüdern –, wann immer ich diese Liebe in meinem Herzen verspüre. Ich sage auch meinen Freunden, dass ich sie liebe, dass sie wichtig für mich sind und ich dankbar für ihre Freundschaft bin. Ich habe eine grausame Wahrheit gelernt, indem ich in meinem Leben zu vielen Beerdigungen beiwohnte. So vielen Menschen wird erst dann Lob und Anerkennung zuteil, wenn es zu spät ist – in ihren Grabreden. Halten wir nicht länger mit unseren Gefühlen hinter dem Berg! Ich finde es wundervoll, wenn auf Leute zu Geburtstagen und Jubiläen, Familienzusammenkünften und besonderen Festen ein Toast ausgebracht wird – auf ihre Tugenden, ihre Freundschaft, ihre Weisheit und Einzigartigkeit. Was könnte schöner sein, als vor aller Ohren offenbart zu bekommen, dass man geliebt, respektiert, gebraucht, geschätzt und bewundert wird?

➢ Ich wünschte, ich hätte gewusst, dass Gott mir die Kraft und den Glauben geben würde, die ich brauchte, um schlimme Phasen in meinem eigenen Leben zu meistern – als mein Mann am offenen Herzen operiert wurde, den Tod naher Verwandter, das Kranksein von Kindern. Vielleicht hätte ich dann weniger Angst verspürt.

➢ Ich wünschte, ich hätte gewusst, wie oft ich mich selbst neu entdecken würde. Kaum hatte ich alle meine Energie investiert, um die beste Nachrichtenfrau zu werden, die ich nur werden konnte, als sich mein Interesse im Alter von 43 Jahren mit einem Schlag radikal verlagerte. Eines Tages wachte ich auf und schrieb ein Kinderbuch. Plötzlich war ich Autorin – ein neuer Anfang für mich, eine neue Identität, die mich belebte, mir wieder positive Aufregung und Leidenschaft einflößte. Und heute schreibe ich bereits mein zweites Buch.

➢ Ich wünschte wirklich, ich hätte gewusst, dass es mehr als eine Antwort gibt auf die Frage: „Was willst du einmal werden, wenn du groß bist?" Was mich betrifft, ich war zwischen 20 und 30 Karrierefrau, zwischen 30 und 40 Ehefrau und Mutter und ab 40 all das und obendrein Autorin. Ich bin dankbar, mit dem Teil meines Wesens Kontakt aufgenommen zu haben, der in uns allen schlummert – jenem Teil, der stets hinzulernt und erneuerbar ist, neugierig und unbekümmert. Wir sind sehr wohl in der Lage, uns selbst neu zu entdecken und auf eine völlig neue Welt da draußen zu stoßen – oder auf eine völlig neue Welt in unserem Innern. Immer und immer wieder.

➢ Ich wünschte, es wäre mir gelungen, früher Frieden mit mir zu schließen. Ich glaube nicht, jemals richtig stolz auf mich gewesen zu sein, bis zu jenem Tag im April 1999, als ich erfuhr, dass ich erstens Preisträgerin des Peabody Award for Broadcast Journalism war und dass zweitens mein Kinderbuch den Sprung in die Bestsellerliste der *New York Times* geschafft hatte. Ich saß in meinem Hotelzimmer und weinte. Nach 34 Jahren auf diesem Planeten hatte ich zum ersten Mal das Gefühl, wirklich etwas geleistet zu haben. Ich wurde nicht wegen meiner Familie oder meines Ehemannes oder meines Aussehens anerkannt, sondern um meiner selbst und meiner Arbeit willen. Ich sagte mir, dass ich ein Recht hatte, stolz auf mich zu sein. Endlich.

Okay. Jetzt habe ich aber genug davon, von mir zu reden. Nehmen Sie sich das, was ich erlernt habe, zu Herzen und machen Sie für sich das Beste daraus. Ich melde mich in rund zehn Jahren mit einem Update zurück. Bis dahin: Gott beschütze Sie und viel Glück!

Stichwortverzeichnis